Jürg Wunderli
Sag ja zu dir

WW

Jürg Wunderli

Sag ja zu dir

Vom tragischen
zum positiven Narzißmus

Walter-Verlag
Olten und Freiburg im Breisgau

2. Auflage 1983

Alle Rechte vorbehalten
© Walter-Verlag AG, Olten 1983
Gesamtherstellung in den grafischen Betrieben
des Walter-Verlags
Printed in Switzerland

ISBN 3-530-95401-2

Für Heinz Münger in Freundschaft

Liebe deinen Nächsten wie dich selbst.
(3 Mose 19,19; Mk 12,3)

Amor sui ordinatus est debitus et naturalis.
Die geordnete Selbstliebe ist notwendig und natürlich.
(Thomas von Aquin, Summa Theologica I/II qu. 77, a. 2)

Unser Wesen ist seinem tiefsten Grunde nach so
auf sich selbst zurückgebogen... es weiß nicht einmal,
daß es auf diese verderbte und entstellte Weise alles,
auch Gott, nur seiner selbst willen sucht.
(Martin Luther, Vorlesungen über den Römerbrief)

Inhalt

Einführung 11

Das Leiden des Narziß oder die Selbstentfremdung
17

Narzißtische Bedürfnisse des Säuglings und
Kleinkindes 19
   Exkurs zum Begriff «Narzißmus» 21

Die Kränkung 30
   Die reife Reaktion auf eine Kränkung 34
   Weniger reife Reaktionen auf eine Kränkung 35
   Aggressive und selbstzerstörerische Reaktionen
   auf Kränkungen 35

Die Frustration der narzißtischen Bedürfnisse 40
   Das Märchen von der kleinen Seejungfrau 47

Das Wesen der narzißtischen Selbstentfremdung
(Symptome der narzißtischen Persönlichkeitsstörung)   51
   Narzißtische Grandiosität 53
   Narzißtische Depression 57

Der Mythos 60

Der Mythos und über ihn hinaus: Selbstentfremdung
als Schicksal des Menschen? 65

Die Erlösung des Narziß oder der Weg zum Ich-Selbst
75

Ich, Selbst, Ich-Selbst 77

Die Reifung des Ich-Selbst 84
    Reifungsschritte des Ich-Selbst in der Kindheit 86

Nachreifung des Ich-Selbst und Psychotherapie 91
    Selbstbeobachtung und Einfühlung 92
    Übertragung 95
    Gefühle-Zulassen – Durcharbeiten – Trauerarbeit 97

Reifer Narzißmus oder «heiles» Ich-Selbst 103
    Die Kränkung des Altwerdens und der Vergänglichkeit
    akzeptieren oder: Menschliche Relativität und Ewigkeit 104
    Humor 107
    Weisheit und das Transzendieren des Ich-Selbst 107

Selbst und Selbstverwirklichung in der Psychologie
C. G. Jungs 109
    Individuation 109
    Das «Selbst» in der Psychologie C. G. Jungs 113
    Ist die Jungsche Psychotherapie eine Heilslehre? 119

Selbstverwirklichung und darüber hinaus? 125

Das Ende des Narziß?
131

Erklärung einiger psychologischer Fachausdrücke 142
Bibliographie 150

Einführung

Was ist ein Narziß? Was ist Narzißmus? In den letzten Jahren wurde viel über Narzißmus geschrieben. Gewiß hat diese Literatur, die zum Teil breite Volksschichten erreichte, viel notwendige Aufklärung gebracht. Dennoch gibt es heute unter den Psychotherapeuten noch keinerlei unité de doctrine, ob Narzißmus etwas Minderwertiges sei oder nicht, und erst recht halten sich Vorurteile in der Nichtfachwelt. Diese Vorurteile lauten: Ein Narziß ist ein Mensch, der übermäßige Selbstliebe zeigt, andere nur beachtet, wenn er sie «brauchen» kann, kurz, eine egoistische und selbstbezogene Person. Von daher ist auch der Begriff Narzißmus schwer belastet.
Gewiß, das ist verständlich; denn der antike Mythos scheint ja das tragische Schicksal des in sich selbst verliebten, nur auf sich selbst bezogenen Menschen treffend zu schildern, und dazu kommt, daß Selbstliebe gegenüber der Nächstenliebe in unserer abendländisch-christlich geprägten Kultur offiziell verpönt ist, obwohl jeder bewußt oder unbewußt zunächst einmal sich selbst liebt. Die Selbstliebe wird immer noch in weiten Kreisen tabuisiert und in die Heimlichkeit verdrängt, obwohl selbst das alt- und neutestamentliche Gebot der Nächstenliebe nicht *mehr* verlangt, als den Nächsten zu lieben *wie* sich selbst.
Die Narzißmusforschung der letzten Jahre hat deutlich gezeigt, wie sehr jeder Mensch und ganz besonders das Kleinkind intensive Bedürfnisse nach Geborgenheit, Zuwendung und Anerkennung hat. Diese Bedürfnisse sind elementar, und ihre angemessene Befriedigung ist zu einem gesunden

Leben ebenso notwendig wie die Befriedigung des Nahrungs- und Dursttriebes; denn erst sie ermöglicht ein stabiles Selbstwertgefühl und inneres Gleichgewicht, die Fähigkeit, an sich selbst und an andere zu glauben und sich in andere einzufühlen, aber auch die eigene Kreativität zu entfalten.
Wie soll man diese Bedürfnisse nennen? Man könnte von «Ich-Bedürfnissen» sprechen, und tatsächlich hat Freud in seiner ersten Trieblehre den Sexualtrieben (Libido) «Ich-Triebe» gegenübergestellt. Heute spricht man von «narzißtischen» Bedürfnissen. Das ist eine Terminologie, die nicht befriedigt, weil sich damit eben das Vorurteil von etwas moralisch Minderwertigem oder gar (!) Autoerotischem verbindet. Doch ich glaube, daß wir uns vorderhand an die Begriffe «Narzißmus» und «narzißtisch» halten sollen, jedenfalls solange, bis jemand eine überzeugendere Terminologie anbietet. Dies bedingt aber, daß wir die alten Vorurteile hinter uns lassen und im Narzißmus etwas *Natürliches,* Naturgegebenes erkennen, das nun einmal zum homo sapiens gehört. Jeder ist *auch* Narziß. In jedem lebt Narziß. Das ist die schlichte Wahrheit, die jeder bestätigen wird, wenn er ehrlich ist, und jeder bestätigen kann, wenn er damit die Vorstellung von etwas zur Schöpfung Mensch Gehörendem verbindet.
Damit ist aber auch gesagt, daß jeder Narziß *sein darf.* Es wäre völlig falsch, den Narziß in uns zu unterdrücken oder zu verdrängen. Der so abgespaltene Narziß könnte sich furchtbar rächen, und wie sehr er sich tatsächlich rächt, erkennen wir in den oft grausamen Symptomen der narzißtischen Persönlichkeitsstörung. Narziß in uns will leben, aber er verlangt wie die menschliche Triebnatur eine «Zähmung», eine Entwicklung und Differenzierung.
Der Narziß in uns wird unterdrückt und verdrängt, wenn die narzißtischen Bedürfnisse schon im frühen Kindesalter chronisch frustriert werden. Menschen, die an einer narziß-

tischen Persönlichkeitsstörung leiden, entdecken in einer Analyse so oft die tragische Geschichte ihrer Kindheit als eine lange Kette schwerer narzißtischer Frustrationen, daß man bei aller gebotenen Vorsicht geneigt ist, an einen Zusammenhang zu denken. Dieser *neurotische* Narzißmus ist eine Persönlichkeitsstörung, die in leichten Formen vom «Gesunden» kaum zu unterscheiden ist und in schweren Formen wahrscheinlich über Grenzzustände («Borderline») in wahnhafte Psychosen übergeht. Charakteristisch ist die *Entfremdung* von anderen und von sich selbst. Diese Menschen haben große Mühe, ihre Gefühle, sich selbst wahrzunehmen und zu leben. Sie wirken darum oft gefühlskalt. Sie leiden, weil sie keine Beziehung zu sich selbst oder zu ihrem «Ich-Selbst» haben. Sie sind stets auf der Suche nach sich selbst und scheitern stets von neuem. Sie fühlen sich innerlich leer und wertlos. Sie kompensieren darum oft mit unrealistischen Größenphantasien und benötigen unablässig die Bewunderung anderer.

Menschen, die sich selbst fremd sind und Mühe haben, zu anderen eine wirkliche gemüthafte Beziehung einzugehen, gibt es so viele, daß man schon von einem narzißtischen Zeitalter gesprochen hat (Lasch 1980). Ich weiß nicht, ob diese These zutrifft; jedenfalls wären sorgfältige soziokulturelle und vergleichend-historische Untersuchungen nötig. Sicher scheint mir, daß die sexuelle Problematik heute lange nicht mehr so im Vordergrund steht wie zu Lebzeiten Freuds und auch noch später. Der Wandel der Neurosen im Laufe der Zeit ist eine banale Tatsache. Wenn ich an meine eigene Sprechstunde denke, möchte ich behaupten, daß der pathologisch narzißtische Charakter heute bei sehr vielen neurotischen Patienten überwiegt. Ich frage mich manchmal erstaunt: Wer gehört denn eigentlich *nicht* dazu? Freilich ist mir bewußt, daß das Spektrum dessen, was ich beobachte und zu erkennen glaube, nicht nur subjektiv, sondern auch klein ist. Außerdem ist das Profil der narzißtischen

Persönlichkeitsstörung keineswegs scharf zu umreißen – wie etwa dasjenige einer klassischen Angstneurose –, sondern recht vage. Vielleicht ist die narzißtische Persönlichkeitsstörung nicht einmal eine spezifische Neurose, sondern ein Stempel, der sich fast jeder Neurose mehr oder weniger stark aufprägt.

Das Narzißmuskonzept Kohuts, auf das ich in diesem Buch oft zurückgreife, ist in psychoanalytischen Kreisen stark umstritten. Diese theoretischen Erwägungen, die meist um den ominösen Wahrheitsgehalt einer psychoanalytischen Theorie kreisen, sollen uns hier weniger beschäftigen als die tatsächlichen Beobachtungen, die einerseits die Existenz natürlicher und überall vorhandener narzißtischer Bedürfnisse zeigen, andererseits die Leidens- und Schattenseite des Narzißmus bloßlegen, indem sich das tragische Schicksal des antiken Mythos an Menschen mit narzißtischer Persönlichkeitsstörung immer wieder erfüllt. Die Aufgabe, diesen Menschen zu helfen, ihren kranken Narziß zu erlösen und so den Weg zu sich selbst zu finden, ist manchmal sehr schwierig, ja völlig verbarrikadiert, manchmal aber auch voller Chancen. Sie obliegt der Psychotherapie.

Ganz anders ist die Situation des Narzißmus, wenn man sie vom philosophisch-religiösen, metaphysischen Standpunkt aus betrachtet. Seit Jahrtausenden verkünden es die indischen Religionen von den Upanishaden und dem Yoga bis zu verschiedenen Erscheinungsformen des Buddhismus, altägyptische und abendländisch-antike Mysterienkulte, Altes und Neues Testament, islamische Mystiker usw.: Der Mensch lebt nicht im Heil, sondern ist heilsbedürftig; seine grundsätzliche Unheilssituation besteht in der Entzweiung von Ich und Gott, oder allgemeiner formuliert in der Identifikation mit dem eigenen Ego und dessen Verherrlichung als Zentrum des seelischen Lebens. Die Formulierung des Unheilszustandes und vor allem der Erlösungsweg mag sehr unterschiedlich sein; aber die Übereinstimmung im Grundsätzlichen ist kaum zu bestreiten. Gerade hier setzt auch, so meine ich, die *universale* Bedeutung des antiken Mythos vom Narziß ein, indem dieser nicht mehr die individuelle Tragik (des narzißtisch gestörten Menschen) spiegelt, nicht den einzelnen kranken Menschen, sondern die leidende und kranke Menschheit überhaupt. Wie sagt es doch Paulus im Römerbrief: «Denn wir wissen, daß alles Geschaffene bis zur Stunde seufzt und in Wehen liegt» (8,22).

Der paulinische Gedanke besagt, daß Leiden und Unheil die Grundtatsache des menschlichen Lebens sind, ja des kreatürlichen Lebens überhaupt, da die ganze Schöpfung durch das Verhalten des Menschen mitbetroffen ist. Die ganze Kreatur ist «ein von seinem Ursprung gelöstes *Ding*, ein *Relatives*, das vom Absoluten durch einen Abgrund getrennt ist» (K. Barth 1940). Darum ist die Welt schwanger voll Sehnsucht nach Erlösung, gleichviel, ob es dem einzelnen bewußt wird oder nicht. Da das Unheil letztlich auf den Egoismus des Menschen zurückgeht, handelt es sich, mythologisch gesprochen, bei der Erlösung um eine *Erlösung des Narziß von sich selbst.*

Es ist ein gewaltiges Paradox: Narziß ist einerseits Symbol für natürliche Bedürfnisse des Menschen, für eine Entwicklungslinie, die ihn zu sich selbst führen soll. Anderseits pervertiert der Mensch den natürlichen Narziß zur Identifikation mit dem Ego. Narziß ist daher auch Symbol für die Unheilssituation des Menschengeschlechtes, die, wie ich glaube, nicht nur metaphysisch, sondern auch tiefenpsychologisch nachweisbar ist. Denn die Identifikation des Menschen mit seinem Ego bedeutet auch Identifikation mit dem Ich-Bewußtsein und damit Abspaltung des Unbewußten – eine gefährliche Einseitigkeit, auf die C. G. Jung oft genug hingewiesen hat.

Als «praktisch» denkender und fühlender Arzt möchte ich in diesem Buch das Thema der «Erlösung von sich selbst» nur streifen. Meine Zuständigkeit ist eher gegeben, wo es

sich um einen leidenden kranken Menschen handelt, wo es gewissermaßen um die *Erlösung des Narziß zu sich selbst* geht. Es ist dies eine Befreiung des Menschen in der Art, daß er sein «Ich-Selbst» finden und leben kann. Denn, mit den Worten des heiligen Thomas, die *geordnete* Selbstliebe ist notwendig, und diese Notwendigkeit wird durch die modernen psychologischen Einsichten in jeder Beziehung bestätigt. Die Erlösung des Narziß zu sich selbst ist für die seelische Gesundheit und das Wohlbefinden des Menschen so unentbehrlich wie jede Sorge um das elementare körperliche-seelische-soziale Wohlbefinden. Die Erlösung des Narziß zum «Ich-Selbst» ist ein Akt der Heilung und als solcher eine Domäne der Psychotherapie.
Sollte nun die Psychotherapie nicht nur für die Heilung, sondern etwa auch für das Heil zuständig sein? Sollte sie auch Narziß *von sich selbst,* den Menschen also von seinem identifikatorischen Kreisen um sich selbst befreien können? Diese Frage konnte und kann erst in unserem Jahrhundert gestellt werden, in dem es eine wissenschaftliche Psychotherapie gibt und das von den Kirchen angebotene Heil immer weniger Menschen zu genügen vermag. Der Psychoanalytiker Graber hat wohl als erster eine Psychotherapie entwickelt, die als Heilsweg im skizzierten Sinne interpretiert werden kann: Der Mensch muß von seinem Ich befreit werden und den Weg zu seinem bewußten «Selbst» finden. Es ist eigenartig, daß C.G. Jung von Grabers Wirken kaum Notiz genommen hat. Denn gerade von Jungs Individuationsweg wird immer wieder behauptet, es handle sich um einen quasi-religiösen Heilsweg. Die Jungsche Psychotherapie könnte damit beides in einem sein: Heilung im üblichen Sinne und Heilsweg. Ob es sich so verhält, werden wir genau zu untersuchen haben.

Das Leiden des Narziß
oder die Selbstentfremdung

Narzißtische Bedürfnisse des Säuglings und Kleinkindes

Der Säugling ist während den ersten Wochen seines Lebens noch ein Reflexwesen. Seine Bedürfnisse beschränken sich auf den Rayon der Ernährungsfunktion; er ist auf die Befriedigung des Hunger- und Dursttriebes angewiesen. Er hat in dieser Phase noch kein Objekt und kann nichts bewußt wahrnehmen. Die deutsch-amerikanische Kinderpsychotherapeutin Margaret Mahler spricht von einem autistischen Stadium. Dieser Begriff vermag weit mehr zu befriedigen als die Bezeichnung von Freud als autoerotisches Stadium; denn die Bedürfnisse des ganz jungen Säuglings sind doch kaum sexueller Natur.

Bereits im zweiten Monat beginnt das nächste psychische Entwicklungsstadium, das Frau Mahler *Symbiose* nennt. Der Säugling nimmt dunkel wahr, daß seine Bedürfnisse durch ein Objekt – im Normalfall die Mutter – befriedigt werden. Er antwortet auf entsprechende mimische Signale mit Lächeln. Dieses Lächeln ist anfangs noch unspezifisch: Jedes menschliche Antlitz oder ein sich bewegendes Symbol von ihm ruft das sogenannte soziale Lächeln hervor. Das bedürfnisbefriedigende Objekt wird erst verschwommen wahrgenommen. Aber der Säugling verhält sich nun so, als ob er und die Mutter ein ungetrenntes, einheitliches und vielleicht auch allmächtiges System darstellten. Das Kind lebt in der Illusion einer völligen Fusion mit der Mutter; verschwommen beginnt es zwischen «Ich» und «Nicht-Ich» sowie zwischen «Innen» und «Außen» zu unterscheiden. Anders verhält es sich mit der Symbiose in der Biologie: Dort handelt es sich um das «freundschaftliche» Zusammenleben getrennter Individuen verschiedener Arten, das für beide Teile nützlich ist (Musterbeispiel: die Symbiose zwischen Einsiedlerkrebs und Seerose).

Die Stillung des Hunger- und Durstbedürfnisses und die damit verbundene Pflege sind wohl notwendig, für die psychische Entwicklung des Säuglings aber keineswegs hinreichend. Das Entscheidende in der Symbiosephase ist die emotionale und taktile Zuwendung der Mutter. Die psychologische Forschung unseres Jahrhunderts hat uns nur neu vermittelt, was eingeborene Frauen in Afrika und anderen, weniger zivilisierten Regionen ganz selbstverständlich und ohne psychologisches Wissen tun: Der Säugling braucht die liebevolle Zuwendung der Mutter, die Nähe und Wärme ihres Körpers, ihre Zärtlichkeit und ihre Liebkosungen.

Es ist für den Säugling unschätzbar wichtig, daß er im Symbiosestadium – und zwar schon sechs Wochen nach der Geburt – eine konstante und liebende Bezugsperson hat, mit der er eine symbiotische Beziehung eingehen kann. In dieser Bezugsperson, meist der leiblichen Mutter, kann er sich spiegeln, er weiß sich in ihr völlig geborgen und erlebt sich mit ihr als Einheit verschmolzen. Frau Mahler schreibt: «Die inneren Empfindungen des Säuglings bilden den *Kern* des Selbst. Sie scheinen der zentrale Kristallisationspunkt des ‹Selbstgefühls› zu bleiben, um das herum das ‹Identitätsgefühl› sich formt» (Mahler 1978, S. 66).

Die Bedürfnisse des Kindes nach einem warmherzig-bergenden Milieu und einer konstanten, liebenden Zuwendung, die mit Beginn der Symbiosephase sichtbar werden, sind nicht Triebwünsche im üblichen Sinne. Es handelt sich um nicht minder legitime *narzißtische Bedürfnisse*. In der Symbiose erlebt der Säugling die Mutter (oder das Mutterersatz-Objekt) zwar noch nicht als etwas Getrenntes, sondern als Teil seiner selbst. Dennoch entwickelt das Kind bereits jetzt ein elementares narzißtisches Bedürfnis, ernst genommen zu werden als das, was es jeweils ist, vor allem als

Zentrum seiner eigenen Aktivität. Winnicott (zit. in A. Miller 1979, S. 59) hat dies in einem schönen Bild dargestellt: «Die Mutter schaut das Baby an, das sie im Arm hält, das Baby schaut in das Antlitz der Mutter und findet sich selbst darin…, vorausgesetzt, daß die Mutter wirklich das kleine einmalige, hilflose Wesen anschaut und nicht ihre *eigenen* Introjekte, auch nicht *ihre* Erwartungen, Ängste, Pläne, die sie für das Kind schmiedet, auf das Kind projiziert. Im letzteren Fall findet das Kind im Antlitz der Mutter nicht sich selbst, sondern die Not der Mutter. Es selbst bleibt ohne Spiegel und wird in seinem ganzen späteren Leben vergeblich diesen Spiegel suchen.»
Normaler Autismus und normale Symbiose – der erste objektlos, die zweite «präobjektal» (Spitz 1974) – sind notwendige Vorbedingungen für den Beginn des normalen Loslösungs- und Individuationsprozesses und damit für die eigentliche psychische Geburt des Menschen.

Exkurs zum Begriff «Narzißmus»

S. Freud hat als erster von einem *primären Narzißmus* gesprochen (Freud 1914 b). Er kam zu der Überzeugung, daß es im Leben jedes Säuglings bzw. Kleinkindes ein normales Entwicklungsstadium gebe, in dem sich das Kind selbst zum Liebesobjekt nehme, bevor es äußere Objekte wähle. Er geht davon aus, daß ursprünglich alle Libido im Ich sei und später von diesem Reservoir an die Objekte abgegeben werde, aber nur so, wie ein Protoplasma seine Pseudopodien einmal ausstrecke, dann wieder einziehe. Dieser hypothetische Zustand eines primären Narzißmus folge auf die allererste Entwicklungsphase des Säuglings, den Autoerotismus.
Weniger hypothetisch und darum leichter verständlich ist Freuds Herleitung eines *sekundären Narzißmus.* Er definiert

ihn als Abzug der libidinösen Beziehungen von den Objekten und damit als Rückzug der Libido zum Ich. Er verdeutlicht dies am Beispiel des schizophrenen Größenwahns; aber auch die Hypochondrie wäre nach seiner Meinung als sekundärer Narzißmus aufzufassen. Das folgende Schema versucht zusammenzufassen:

S. Freud, erste Topik
Zweigliederung Bewußtsein / Trieb bzw. Libido
Primärer und sekundärer Narzißmus nach «Einführung in den Narzißmus»:

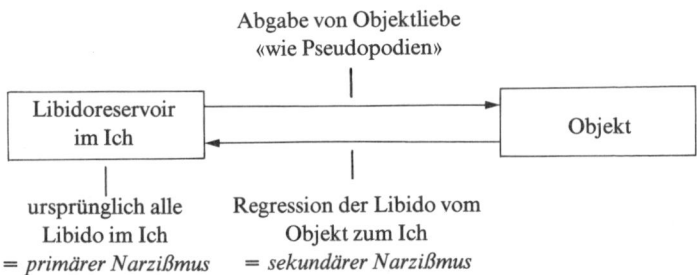

In seiner zweiten Topik, vor allem in «Das Ich und das Es» (1923), hat Freud sein dreiteiliges Strukturmodell der Psyche (Ich, Es, Überich) aufgestellt und gelangt zu einer etwas anderen Formulierung des Narzißmus. Er verlegt das Libidoreservoir, in dem sich ursprünglich alle Libido befindet, in das Es, den unbewußten Triebpol der Persönlichkeit, ja eigentlich, wie er an anderer Stelle mehrmals ausführt, in ein noch undifferenziertes Ich-Es. Das Urbild des primärnarzißtischen Zustandes läge damit vor der Bildung des Ich, ja sogar im vorgeburtlichen, intrauterinen Leben; es handelte sich um das völlig «objektlose», «selbstgenügsame» Dasein das Kindes im Mutterleib. Frau Jacobson (1973) hat diesen Ansatz aufgegriffen und nennt die undifferenzierte Ich-Es-Matrix das «früheste psychophysiologische Selbst», und der Jungianer M. Fordham wiederum sprach von einem primären Selbst und sah eine große Übereinstimmung mit dem Konzept von Jacobson, aber auch teilweise mit Freuds primärem Narzißmus. Er glaubte freilich, dieser werde damit von der Fixierung auf die Sexualtheorie befreit (1972).

S. Freud, zweite Topik
Dreiteilung Ich / Es / Überich (1923)
Neufassung des Narzißmus:

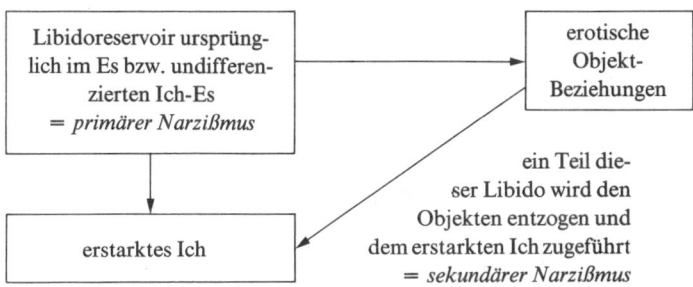

Ausgehend von Freud haben sich später und vor allem in der neuesten Zeit zahlreiche Autoren mit dem Narzißmus-Problem befaßt. Weit verbreitet sind negative Wertungen des Narzißmus. Für Fromm ist der Narzißmus beispielsweise ein Synonym für asozialen Individualismus und Egozentrität; er wird damit Gegenbegriff zu einer vagen Menschenliebe. Der Narzißt erlebe in Selbstgefälligkeit und Selbstverherrlichung nur das, was seine eigene Person, den eigenen Körper, die eigenen Gefühle und Gedanken sowie die eigenen Bedürfnisse betreffe, als völlig real. Was aber keinen Teil der eigenen Persönlichkeit bilde oder nicht Gegenstand der eigenen Bedürfnisse sei, interessiere ihn nicht (Fromm 1968).

Während sich C. G. Jung kaum mit dem Narzißmus befaßt hat, widmete sein Schüler E. Neumann dem Narzißmus eine spezielle Studie (1955). Im Gegensatz zu seiner früher geschriebenen «Ursprungsgeschichte des Bewußtseins» bewertet Neumann hier den Narzißmus eindeutig negativ: Das Phänomen des Narzißmus zeige sich dann, wenn infolge einer Störung der Ur-Beziehung (das heißt der Beziehung des Kleinkindes zu den Eltern) ein «Not-Ich» entsteht; das «Not-Ich» führe zu einem negativ geschädigten Ich mit einer verstärkten und verfrühten Ich-Betonung. Ein solcher krankhafter Prozeß führe zu einer asozialen Haltung und einem egoistischen, inflatorischen Narzißmus.

Unter den modernen psychoanalytischen Narzißmusforschern wendet sich besonders Kohut gegen eine negative Einschätzung des normalen Narzißmus. Sollte der Narzißmus wirklich die primitivere und für die Anpassung weniger geeignete Form der Libidoverteilung sein? Wenn behauptet wird, die Objektliebe stehe ethisch viel höher als die Selbstliebe, handelt es sich dann – so fragt Kohut – wirklich noch um eine objektive Beurteilung des Narzißmus oder nicht vielmehr um den unzulässigen Einfluß des altruistischen Wertsystems der abendländischen Kultur? (Kohut 1975, S. 140). Kohut legt großen Wert darauf, daß wir den *Narzißmus als eine normale psychische Entwicklungslinie* auffassen, wobei es freilich darum geht, daß das Individuum von den archaischen Stufen des Narzißmus zu einem sogenannten reifen Narzißmus fortschreitet.

Wie definiert Kohut den Narzißmus? Im wesentlichen nicht anders als die Ich-Psychologie, ausgehend von Hartmann: Der normale Narzißmus ist die libidinöse Besetzung des Selbst, und dies ist mehr als die libidinöse Besetzung des Ich bei Freud. Man muß dann freilich das Selbst im Sinne Kohuts als eine variable Größe auffassen, indem sich das Selbst in bestimmten Zuständen weit über die Grenzen des Individuums erstrecken kann. Das ist etwa der Fall, wenn das kleine Kind seine Mutter narzißtisch, als einen Teil seiner selbst erlebt (Kohut 1973). Es handelt sich bei diesem Beispiel und vielen anderen um eine *narzißtische Besetzung:*

Der andere Mensch wird nicht als Zentrum seiner eigenen Aktivitäten erlebt, sondern als ein Teil von uns selbst – er ist ein *Selbstobjekt*. Anders bei der Objektliebe (eigentlich ein unschöner Terminus technicus: die liebende Ich-Du-Beziehung entspricht eben gerade nicht einer Subjekt-Objekt-Beziehung, sondern steht jenseits dieser): Hier ist der andere Mensch nicht in erster Linie Selbstobjekt, sondern er wird geliebt als der, der er ist. Darum ist die Antithese zum Narzißmus nicht die Objekt*beziehung*, sondern die Objekt*liebe* (Kohut 1975).

Ich hoffe, diese wenigen einleitenden Bemerkungen zum Narzißmus zeigen zweierlei:

1. Abgesehen von Triebbedürfnissen sind auch narzißtische Bedürfnisse im frühen Kindesalter voll ernst zu nehmen. Es handelt sich um Bedürfnisse nach Zuwendung, Wärme und Spiegelung in einer liebenden Bezugsperson oder das Bedürfnis, als Zentrum der eigenen Aktivitäten betrachtet und ernst genommen zu werden. Die Befriedigung der narzißtischen Bedürfnisse ist entscheidend für die Entwicklung des Selbstwertgefühls.

2. Weil das Schicksal der narzißtischen Bedürfnisse im frühen Kindesalter für die spätere Entwicklung so wesentlich ist, geht es nicht mehr an, den Narzißmus als solchen negativ zu bewerten. Wie jedes Bedürfnis sind auch die narzißtischen Bedürfnisse weder gut noch schlecht. Sie gehören als sehr wichtiges Element zum menschlichen Leben und können nicht ungestraft vernachlässigt werden.

Ob wir nun vom primären Narzißmus (Freud) oder von einem zunächst autistischen, dann symbiotischen Stadium in der Entwicklung des Säuglings sprechen, ist nicht so bedeutsam. Persönlich bereitet es mir allerdings Mühe, wenn der primäre Narzißmus bis in das intrauterine Leben zurückversetzt wird. Wie das neugeborene verfügt auch das noch ungeborene Kind nicht über ein Wahrnehmungsvermögen; es lebt «objektlos», aber auch «ich-los». Wie könnte denn eine (narzißtische) Zuwendung der Libido zu einem Ich oder Selbst möglich sein?

*

Kehren wir zurück zur frühkindlichen Entwicklung und ihren narzißtischen Bedürfnissen. Auf dem Höhepunkt der Symbiose, mit etwa 4 bis 5 Monaten, setzt unter normalen Verhältnissen die Differenzierung ein. Der symbiotische Partner wird nun so spezifisch, daß er nicht mehr ohne Schaden auswechselbar oder austauschbar ist. Das zunächst unspezifische, «soziale» Lächeln wird spezifisch; es ist die bevorzugte Reaktion gegenüber der Mutter. Das Kind fühlt sich geborgen, aufgehoben und verstanden in der beruhigenden und tröstenden Liebe und Wärme des Symbiosepartners. Unter derart optimalen Voraussetzungen entwickelt sich ein *Urvertrauen,* der Nährboden für das spätere Selbstvertrauen bzw. ein stabiles Selbstwertgefühl oder narzißtisches Gleichgewicht. Es scheint, daß im frühen Kindesalter Urvertrauen und Fremdenangst zueinander in umgekehrter Beziehung stehen.

Frau Mahler hat beobachtet, daß das Kind mit etwa 6 Monaten Loslösung und Autonomie zu erproben versucht. Es beginnt, den eigenen Körper von dem der Mutter zu unterscheiden. Gesichert durch eine feste Verankerung in der Symbiose und mit Hilfe von Reifungsprozessen findet nun eine Ausweitung über den symbiotischen Bereich statt. Das Kind schlüpft allmählich und ohne Schwierigkeiten aus der Zweieinheit aus. Übend beginnt es, sich von der Mutter zu trennen, nähert sich aber immer wieder aktiv, wie um sich zu vergewissern, daß es die Mutter nicht verloren hat. Ab etwa 18 Monaten ist das aktive Wiederannäherungsverhalten besonders typisch, während zuvor die Anwesenheit der Mutter zuweilen relativ gering beachtet wird.

Trennung und aktive Wiederannäherung sind charakteristisch für das zweite Lebensjahr und weit darüber hinaus.

Mit «Trennung» ist auch, aber nicht in erster Linie, die physische Trennung gemeint. Wichtiger ist das kindliche Erleben, daß es ein eigenes Wesen gesondert vom symbiotischen Partner ist. Es beginnt demnach, seine eigene Identität wahrzunehmen, ein Erleben, das mit Trennungsängsten einhergeht. Gerade darum kommt es – kompensatorisch – zu einem aktiven Annäherungsverhalten. Die zweiten 18 Monate des Lebens sind eine Periode von großer narzißtischer Bedürftigkeit, aber auch Verletzlichkeit. Diese Verletzlichkeit hat verschiedene Ursachen. Die Mutter ist nicht mehr einfach die «Heimatbasis» (Mahler) des Kindes, sondern dieses nimmt sich immer mehr als getrennte Person wahr; es erkennt, daß seine Wünsche keineswegs immer mit denen der Mutter übereinstimmen und umgekehrt; es entwickelt ein großes Bedürfnis, seine wachsenden Entdeckungen der Welt mit der Mutter zu teilen und dafür ermuntert, gelobt, bewundert zu werden. Das Kind will seiner Mutter und zunehmend auch dem Vater Freude bereiten. Es benutzt Mutter und Vater als eine Art Erweiterung seines Selbst, wird sich aber allmählich auch der Grenzen der scheinbaren mütterlichen und väterlichen Allmacht bewußt. Es muß sich mit neuen Gefühlen wie Traurigkeit, Ärger und Enttäuschung (vor allem über die Mutter) auseinandersetzen. Mit dem wachsenden Verinnerlichungsprozeß elterlicher Anforderungen kommt zunehmend Angst vor Liebesverlust auf. Der Kampf um Trennung und Autonomie (sogenanntes Trotzalter) stellt in der Phase der aktiven Wiederannäherung mit all den Trennungsängsten und großen narzißtischen Bedürfnissen tatsächlich eine riesige Entwicklungsaufgabe dar, die, hat man sie einmal als solche erfaßt, unser Staunen erregt.

Unter günstigen Bedingungen fängt das Kind an, als getrenntes Individuum zu existieren. Frau Mahler nennt dies: Beginn der *Individuation* oder psychische Geburt. Unter Individuation verstehen wir denjenigen Differenzierungsprozeß, der dazu dient, die Individualität aus der primären Identität (Symbiose) von Mutter und Kind herauszuheben, oder noch allgemeiner, bezogen auf die ganze Natur: die Sonderung von Allgemeinem in Individuen. Mit diesem Prinzip der Individuation (principium individuationis) haben sich bereits Aristoteles und die mittelalterliche Scholastik befaßt. Die Individuation des *Menschen* hat zum Ziel, daß er seine letzte und unvergleichliche Einzigartigkeit verwirklicht, zum eigenen Selbst wird. Wenn C.G. Jung von Individuation spricht, meint er den eben dargelegten Prozeß auch, darüber hinaus aber noch eine Individuation im engeren Sinne: «Selbst» heißt dann nicht nur «einzigartige, individuelle Person», sondern transzendiert das Ich und wird zum Numinosum. Doch davon später.

Beginn der Individuation oder psychische Geburt... Gewiß, denn die physische und psychische Geburt fallen keineswegs zusammen. Die Trennung oder Loslösung bedeutet das Auftauchen des Kindes aus der symbiotischen Verschmelzung mit der Mutter. Die Individuation «besteht aus jenen Errungenschaften, die zeigen, daß das Kind seine individuellen Persönlichkeitsmerkmale als solche annimmt» (Mahler 1978, S.14). Es ist die früheste Wahrnehmung eines individuellen Daseinsgefühls. Natürlich handelt es sich noch nicht um ein Gefühl, *wer* ich bin – dies kommt viel später, in der Pubertät –, sondern um ein Gefühl, *daß* ich bin. Mit diesem frühesten Daseinsgefühl ist der erste Schritt auf dem Weg zur Entfaltung der Individualität und des Ichbewußtseins erfolgt.

Wir haben gesehen, daß eine normale Trennungs- und Individuationsphase – beide Entwicklungsprozesse gehören eng umschlungen zueinander – eine *optimale* Befriedigung narzißtischer Bedürfnisse und damit die Entwicklung eines Urvertrauens voraussetzt. Unter «optimaler» Befriedigung ist aber keineswegs gemeint, daß es sich um eine grenzenlose Befriedigung handle, frei von Frustrationen, Kränkungen,

Enttäuschungen. Im Gegenteil! Keine Mutter, kein Mensch kann dauernd und ohne Einschränkungen die kindlichen Bedürfnisse befriedigen. Weder Mutter noch Vater noch irgendeiner anderen Person ist es möglich, dem Kind stets eine maximale Einfühlung, Wärme und Spiegelung zu schenken. Zum Leben gehören *natürlicherweise* Frustrationen, Kränkungen und Enttäuschungen, und jene, die einmal von frustrationsfreier Erziehung träumten, haben wohl längst ihre irrealen Utopien als solche erkannt. Sie haben, möchte ich hoffen, auch eingesehen, daß das Aufwachsen in einer frustfreien Glasglocke dem Kinde mit der Zeit sehr schlecht bekommt. Verwöhnendes Erziehen, das «absolute» Fernhaltenwollen von Enttäuschungen und Entbehrungen beraubt ja das Kind der Möglichkeit, stabile eigene seelische Strukturen zu entwickeln und sich an die Umwelt, an die Realität anzupassen. Das Ich bleibt auf diese Weise unreif.

Haben wir so die optimale Befriedigung der narzißtischen Bedürfnisse nach oben begrenzt, müssen wir dies auch nach unten tun: Die unvermeidbaren Fehler der Mutter, später beider Eltern, oder ein Ungenügen in der Einfühlung sollen sich in einem erträglichen Rahmen halten. Es versteht sich von selbst, daß sich dieser «erträgliche Rahmen» in jedem einzelnen Kinderschicksal ganz individuell präsentiert.

Wenn wir bisher von den narzißtischen Bedürfnissen des Säuglings und Kleinkindes gesprochen haben, heißt dies nur, daß die Bedürftigkeit in den ersten Lebensjahren besonders groß ist und umgekehrt die Störanfälligkeit besonders intensiv. Aber auch in der ganzen Kindheit und während der Jugendzeit braucht der heranwachsende Mensch viel Wärme, *selbstverständliche* (also *nicht* an erzieherische Voraussetzungen wie «Bravsein», «Liebsein», Gehorsam gebundene!) Zuwendung und Anerkennung.

Die Kränkung

Das Wort «Kränkung» ist viel älter als sein Gebrauch in der Psychologie; beispielsweise entfaltet sich das – spärliche – äußere Geschehen in Goethes Schauspiel «Torquato Tasso» rund um die Kränkung des Dichters Tasso durch den Staatsdiener Antonio. Den Begriff der (narzißtischen) Kränkung führte S. Freud ein. Heute verstehen wir unter «Kränkung» einen vorübergehenden Verlust an Selbstwertgefühl und damit eine Störung des narzißtischen Gleichgewichts. Kränkungen sind wie Frustrationen im Leben unvermeidlich. Der Mensch muß lernen, sie ohne größere Störungen des inneren Gleichgewichts zu ertragen, sofern sie nicht allzu intensiv sind.

Zwischen *Kränkung und Krankheit* besteht eine doppelsinnige Beziehung. Einmal führt körperliches Kranksein gewöhnlicherweise zu einer narzißtischen Regression: Der Kranke zieht sich auf sich selbst, sein Leiden und seine Bedürfnisse zurück und blendet seine Umwelt in mehr oder weniger großem Ausmaß aus. Ein Hauptgrund für dieses Verhalten liegt darin, daß Krankwerden und Kranksein für den Betroffenen eine Kränkung darstellt, und zwar um so mehr, je schwerer die körperliche Krankheit ist. Insofern sich der Mensch mit seinem Körper identifiziert oder sich jedenfalls als psychophysische Einheit erlebt, muß eine körperliche Minderung das Selbstwertgefühl beeinträchtigen. Der Kranke erlebt dann seine Krankheit um so intensiver als Kränkung, je mehr in der Krankheit der Endlichkeitsaspekt des menschlichen Daseins erkennbar wird, je mehr der Kranke seine Krankheit als Krankheit zum Tode erlebt.

Die Kränkung selbst bleibt dem Kranken oft unbewußt. F. Meerwein (1978) spricht davon, das Krebsleiden – als Prototyp einer schweren, unbehandelt zum Tode führenden Krankheit – stelle einen Angriff auf das Selbst des Patienten dar. Unter «Selbst» versteht er «die teils unbewußte, teils bewußte innere Vorstellung..., die sich der Mensch im Verlaufe seines Lebens von sich selber gebildet hat». Die Qualität dieser inneren Vorstellung, ihre Stabilität bzw. Labilität bestimmen wesentlich das Selbstwertgefühl oder das narzißtische Gleichgewicht.
Die Kränkung des körperlich Kranken äußert sich aber in gewissen Symptomen, beispielsweise der Regression oder der Wut. Warum Wut? Es ist der Zorn darüber, daß der eigene Körper, das «Körperselbst» versagt, ja im Falle des Krebsleidens «Böses» in sich entwickelt. Die Wut ist «ohnmächtig», kann sie doch nichts verändern, und aus ihr entwickelt sich auch wachsender Neid auf die Gesunden. All diese Gefühle können derart unerträglich werden, daß das «Böse» nach außen, auf Menschen in der nächsten Umgebung – Angehörige, Ärzte, Pflegepersonal – projiziert werden muß. Andauernde Unzufriedenheit, nörglerisches, manchmal offen aggressives Verhalten, Trotz und große Kränkbarkeit sind Kennzeichen solcher Projektionen und lösen fatalerweise bei den betroffenen Personen ungünstige Gegenreaktionen aus, wenn das Verständnis für den eigentlichen psychischen Ablauf fehlt.
S. Freud (1914 b) bemerkt, der heikelste Punkt des narzißtischen Systems sei die von der Realität hart bedrängte Unsterblichkeit des Ich. Was bedeutet dies? Die Tatsache der eigenen Endlichkeit stellt für das Selbstwertgefühl des Menschen eine schwere Bedrohung dar, ist wohl die größtmögliche Kränkung. Schon immer hat die Psychoanalyse betont, die Vergänglichkeit liebender Objektbeziehungen bedeute Kränkungen. Wie ungemein kränkend muß dann der totale und endgültige Abschied von allem, was einem lieb ist, sein!

Es kommt hinzu, daß sich der moderne Mensch das eigene Totsein überhaupt nicht mehr vorstellen kann, weil ihm die religiöse Verankerung früherer Generationen fehlt.
Insofern die eigene Endlichkeit schon immer eine Bedrohung des narzißtischen Gleichgewichts war, wie man sie sich nicht größer vorstellen kann, gab es seit je Verdrängung von Altern und Tod. Aber für den modernen Menschen ist der Tod nur noch das radikale, wenngleich natürliche Ende; der Mensch wird zu Staub, löst sich auf in Moleküle und Atome, wie das Gras verdorrt und die Blume welkt.
Weil das Leben des modernen abendländischen Menschen nicht mehr in einem Überzeitlichen, Ewigen gründet, bedeuten Altern, Krankheit und Tod Unglück oder Katastrophe. Wo es nur noch ein vergängliches, irdisches Glück gibt, wird das Verlangen nach diesem zu einer Sucht. Hedonisierung und Profanisierung gehen stets parallel. Gleichzeitig kann man als Charakteristikum der abendländischen Gegenwart die mangelnde oder ganz fehlende Fähigkeit zu leiden beobachten. Der Mensch weicht dem Leiden aus; er greift allzu schnell nach einer Schmerztablette beim Auftreten von Kopfweh oder nach einem Tranquilizer, wenn ihn Probleme beschäftigen. Man erkennt im Leiden nur noch etwas Negatives, das auf die best- und raschestmögliche Weise aus der Welt geschaffen werden soll. Fast jeder glaubt einen Anspruch auf Glück in Form von Leidlosigkeit und einem Maximum an Lust zu haben. Man hat weitgehend vergessen, wie sehr das Leiden zur persönlichen Reifung beitragen kann. Verdrängung von Altern und Tod werden um so wichtiger, je mehr der Mensch mit diesen schweren Leiden assoziiert und je weniger er fähig ist, Leiden zu ertragen.
Was ergibt sich daraus für die Psychotherapie? Ich denke, vor allem dies: Psychotherapie und Analyse müssen die Einstellung des Menschen zu Sterben und Tod, also zur eigenen Endlichkeit als äußerst wichtige Aufgaben erken-

nen. Denn diese können im Prozeß der menschlichen Selbstwerdung völlig verfehlt werden, nenne man ihn «Individuationsprozeß», «Entwicklung zum reifen Narzißmus» oder wie immer. Menschen, die mit dem Endlichkeitsaspekt unseres Daseins und der mit diesem verbundenen Kränkung nicht fertig werden, können offenbar neurotisch krank werden. Der Göttinger Psychiater J.E. Meyer (1979) meint sogar, es handle sich dann um spezifische, sogenannte thanatophobe Neurosen: Neurosen, bei denen unbewußt Todesangst und Furcht vor dem Sterben ganz zentrale Faktoren sind.

Die gelungene Verarbeitung der jetzt besprochenen Kränkung ist vielleicht die schwierigste psychische Aufgabe des Menschen. Sie bedeutet, daß die eigene Endlichkeit akzeptiert und integriert werden kann. Der eigene Alterungsprozeß wird ohne gravierende Störungen des narzißtischen Gleichgewichtes ertragen. Der Mensch wird, wie Kohut es formuliert hat, fähig, die Endlichkeit seiner eigenen Existenz unter Verzicht auf narzißtische Illusionen zu sehen und *trotzdem* nicht zu resignieren, trotzdem an der Welt teilzunehmen.

Wir haben bisher davon gesprochen, daß Krankheiten unter dem Aspekt der eigenen Endlichkeit Kränkungen sind. Nun ist aber auch der umgekehrte Prozeß zu betrachten: Kränkungen machen seelisch, manchmal auch körperlich krank. Eine Kränkung kann mich so stark treffen, daß ich schlaflose Nächte habe, an Appetitlosigkeit, Magenschmerzen, Herzklopfen und anderen Herzbeschwerden, Kopfweh, Brechreiz, Kreuzschmerzen usw. leide. Es gibt nicht wenige Menschen, die auf intensive Kränkungen mit einem Magengeschwür, einem Ekzemausbruch oder einem Asthmaanfall reagieren. Eine chronische Kränkungssituation in der Kindheit ist häufig die Ursache leichter bis schwerster Neurosen im Erwachsenenalter, die man als *narzißtische Persönlichkeitsstörungen* bezeichnen kann, weil eben die narzißtischen

Bedürfnisse des Kindes allzusehr frustriert wurden. Darauf werden wir bald ausführlich zu sprechen kommen.

Die reife Reaktion auf eine Kränkung

Henseler (1974) beschreibt reife, unreife und pathologische Reaktionen auf Kränkungen. Ich benütze seine Darlegungen und ergänze sie.
Nehmen wir an, ein Mensch befinde sich in einem recht stabilen narzißtischen Gleichgewicht; sein Selbstwertgefühl unterliegt also nicht leicht größeren Schwankungen. Fühlt er sich gekränkt, wird er zunächst einmal eine Realitätsprüfung vornehmen. Er fragt sich: Habe ich recht gehört? Hat er das so gemeint? Wollte mich der andere wirklich kränken, oder fühle ich mich lediglich gekränkt? Trifft der Vorwurf zu?
Betrifft die Kränkung einen realen Mangel oder Fehler, können wir dies zugeben, zugleich aber uns fragen: Ist es denn wirklich so schlimm? Meinte es der andere so ernst? Oder nehme ich nicht vielmehr meinen Fehler oder Mangel so tragisch? Sollte dies zutreffen, habe ich mir vielleicht ein zu hohes Ideal-Ich gesetzt? Bin ich zu anspruchsvoll mir selbst gegenüber, perfektionistisch?
Enthält die Kränkung einen ungerechtfertigten Vorwurf, kann ich mich dagegen zur Wehr setzen und den Sachverhalt korrigieren?
So bilden die *Realitätsprüfung* und wenn nötig die *Realitätsangleichung* die reife Reaktion auf Kränkungen, vorausgesetzt, daß diese nicht ein gewöhnliches Ausmaß an Intensität überschreiten.
Die reife Reaktion auf Kränkungen ist als Dauerzustand ein Ideal. Wir sind bestenfalls nur immer auf dem Wege zu einem Ideal; wir erreichen wohl nie absolute und dauerhafte Reife. Abgesehen davon ist «Reife» ein gleitender, relativer

Wert – abhängig von gesellschaftlichen und individuellen Idealen.

Weniger reife Reaktionen auf Kränkungen

Diese können daher bei jedem Menschen beobachtet werden, beispielsweise wenn die Kränkung schwer oder wenn das narzißtische Gleichgewicht eines Menschen etwas weniger stabil ist, ohne daß es sich schon um einen pathologischen Prozeß handeln würde. Als weniger reife Abwehr- und Kompensationsmechanismen auf Kränkungen kommen die Verleugnung und die Idealisierung in Frage.
In der *Verleugnung* wird die Wahrnehmung von etwas Unlustvollem, in diesem Falle einer Kränkung, verweigert. Die Verleugnung ist als Leugnung der Realität ein Abwehrvorgang, der große Ähnlichkeit mit der Verdrängung aufweist, ja von dieser vielleicht gar nicht isoliert betrachtet werden kann.
In der *Idealisierung* wird die schmerzliche Realität der Kränkung nicht nur negiert, sondern durch Phantasien vom Gegenteil ersetzt. Manchmal wird die Kränkung zunächst schmerzvoll erlebt; dann zieht sich der Gekränkte schamvoll zurück und kompensiert durch Phantasien seiner eigenen Großartigkeit, die natürlich illusionär und unrealistisch sind. Das gestörte Selbst wird durch Größenvorstellungen, einem überspannten und realitätsfremden Ideal des eigenen Ich, aufgebläht.

Aggressive und selbstzerstörerische Reaktionen auf Kränkungen

Weder die Verleugnung noch die Idealisierung sind streng durchzuhalten, so daß stets die Gefahr einer Dekompensation droht: Die Größenphantasien wechseln mit ebenso grandiosen Minderwertigkeitsgefühlen, und der Zusammenbruch der Abwehr- und Kompensationsmechanismen wird das eine Mal mehr depressiv, das andere Mal mehr aggressiv erlebt.

Besonders häufige und intensive Dekompensationen sind aggressive und destruktive Reaktionen auf Kränkungen. Die aggressive Reaktion auf Kränkung hat Kohut (1973) *narzißtische Wut* genannt. Jeder neigt dazu, auf Kränkungen mit Scham oder Ärger zu reagieren; quälendste Scham und heftigste Wut sind aber Anzeichen dafür, daß es sich um eine narzißtisch gestörte Persönlichkeit handelt. Der schamerfüllte Rückzug oder die aggressive Wut sind besonders ausgeprägt. Typisch für die narzißtische Wut sind das begleitende Ohnmachtsgefühl («die ohnmächtige Wut im Bauch») und die Rachsucht: Der Gekränkte möchte sich für die erlittene Kränkung rächen und die Beleidigung ausmerzen, sogar mit allen Mitteln; ich erinnere an den Michael Kohlhaas in Kleists gleichnamiger Novelle. Groß ist auch die Kränkung der Königin in Grimms Märchen «Schneewittchen» (Spieglein, Spieglein an der Wand, wer ist die Schönste im ganzen Land?); sie ruht nicht, bis sie die «Beleidigerin» ausgelöscht hat. Die narzißtische Wut ist ohnmächtig, destruktiv, rachsüchtig, aber auch charakterisiert durch eine fatale Unfähigkeit, sich in den vermeintlichen oder realen Beleidiger einzufühlen, das heißt für seine Position, seine Aussage und sein Verhalten das geringste Verständnis aufzubringen.

Der destruktive Charakter der Aggression kann sich nun aber auch gegen die eigene Person richten; es handelt sich dann um die *depressive, narzißtische Krise.* Diese stellt den völligen Zusammenbruch der Kompensationsmechanismen dar; der Betroffene fällt in ein bodenloses Loch, in die Leere. Auslösend dazu wirken Kränkungen, oder wenn die von übergroßen Erwartungen gekennzeichneten Beziehungen zur Umwelt nicht glücken. Es zeigt sich bei vielen Patienten,

die wegen einem Suizidversuch in Behandlung kommen, daß ihr Selbstwertgefühl schwer gestört ist und daß sie hochgradig kränkbar sind. Umgekehrt wies Henseler (1974) nach, daß die narzißtische Krise häufig in eine Selbsttötung mündet. Er glaubt, daß sich folgendes abspielt:
1. Der zum Suizid neigende Mensch ist eine in ihrem Selbstwertgefühl stark verunsicherte, labile Persönlichkeit.
2. Dieser Mensch fühlt sich zunehmend bedroht, in einen Zustand totaler Verlassenheit, Hilflosigkeit und Ohnmacht zu geraten, aus dem er sich nicht mehr retten kann. Es droht also die Gefahr des narzißtischen Loches.
3. Der Betroffene greift zu Abwehr- und Kompensationsmechanismen, wie wir sie beschrieben haben.
4. Reichen diese nicht mehr aus und treten neue Kränkungen hinzu, beginnt der Mensch seine Selbsttötung zu phantasieren und vielleicht in die Tat umzusetzen. Hierbei handelt es sich nach Henseler um einen *aktiven* Rettungsversuch für das schwer angeschlagene und bedrohte Selbstwertgefühl, um die Möglichkeit, der narzißtischen Katastrophe aktiv zuvorzukommen, indem man auf seine Identität als Individuum verzichte und auf einen harmonischen Primärzustand regrediere. Der Mensch, der in Resignation seine absolute Ohnmacht und sein Verlassensein erfahre, phantasiere Ruhe, Erlösung, Geborgenheit, Verschmelzung und Seligkeit. Mit dem Agieren – das heißt der Suizid*handlung* – verbinde sich die Vorstellung, die drohende narzißtische Katastrophe überspringen zu können und in dem dann erreichten Zustand «Sieger» zu bleiben.
Zur These von Henseler paßt, daß der narzißtisch gestörte Suizidant kaum seinen Tod oder sein Nichtmehrsein phantasiert. Er phantasiert vielmehr den sehnsüchtigen Wunsch nach einer letzten Geborgenheit in der Natur, in der Erde, im All. Eine meiner Patientinnen drückte ihre Todessehnsucht einmal so aus: Sie spüre den intensiven Sog in den Tod, in ein Nichts, aber es sei eigentlich doch kein Nichts,

sondern vielmehr ein unbeschreibbares All. Mit dieser Kennzeichnung hat sie – ohne sich dessen bewußt zu sein – genau die höchst paradoxe Charakteristik des buddhistischen Nirvana berührt.

Ein schönes Beispiel aus der Literatur für Henselers These ist Hesses Märchen «Der schwere Weg»: Da unternimmt einer eine mühsame Bergwanderung, und wie er nach einer gewissen Wegstrecke in sein Tal zurückschaut, erblickt er statt der zuvor scheinbar so heilen Welt eine Landschaft, die lustlos unter einer matten, weißen, erlöschenden und entkräfteten Sonne liegt. «Die Schatten waren rußig und schwarz und ohne Zauber, und allem, allem war das Herz herausgeschnitten, war der Reiz und Duft genommen.» Weiter oben begegnet er einer dunklen, sammetschwarzen Blume, und wenn er seinen Blick in das traurige Sammetauge senken würde, verlöre er sich in hoffnungsloser Schwermut. Also zieht er weiter, beginnt widerstrebend das alte Trostlied «Ich will, ich will» zu singen; doch tönt es eher als «Ich muß, ich muß». Schließlich erreicht er in gleißender Einsamkeit und ringsum umgeben von unendlichem Himmelsraum den Felsgipfel, doch wie merkwürdig: Er träumt auf dem Gipfel von einem kahlen Baum, der aus dem Felsen wächst, und zuoberst im Baum sitzt ein schwarzer Vogel, und dieser singt ein rauhes Lied: «Ewigkeit, Ewigkeit, Ewigkeit». Der Vogel stürzt in den Weltenraum, in die Tiefe, und der Träumer erkennt im fallenden Vogel sich selbst: «Und ich fiel schon, ich stürzte, sprang, ich flog; in kalte Luftwirbel geschnürt, schoß ich selig und vor Qual der Wonne zuckend durchs Unendliche hinabwärts, an die Brust der Mutter.»

Viele Elemente einer narzißtischen Depression sind wohl in diesem Märchen enthalten: der trostlose Rückblick in die (ehemals?) schöne, heile Welt; die namenlos schwermütige, sammetschwarze Blume unterwegs, in die man nicht hineinblicken darf, sonst wird der Sog nach unten immer mächtiger; der letzten Endes bei Depressiven immer vergebliche, ja kontra-produktive Appell an den eigenen Willen («Reiß dich zusammen; wo ein Wille ist, ist auch ein Weg...») – der Depressive *kann* ja gerade durch sein Kranksein nicht mehr, und er erlebt das Versagen seines Willens mit immer schlimmeren Schuldgefühlen –; schließlich ganz oben in der azurnen Einsamkeit der schwarze Todesvogel, mit dem er in die Tiefe stürzt.

Aber er stürzt nicht in das Nichts des Todes, sondern in eine Ewigkeit, ins Unendliche, an die Brust der überpersönlichen, archetyischen «Großen Mutter». Mit dieser Mutter Erde, Natur, Kosmos – oder wie wir sie immer nennen mögen – vereinigt sich der Stürzende (der Depressive, der seinen Suizid phantasiert oder ausführt).

Freilich, eines ist im Anschluß an Henselers These noch zu sagen: Beim Suizid in der narzißtischen Krise dürfte es sich kaum nur um ein aktives Ausweichen als Regression auf den harmonischen Primärzustand (Symbiose? Autismus? Primärer Narzißmus? vorgeburtlich?) handeln. Der radikal tödliche Aspekt des suizidalen Agierens scheint mir auf diese Weise doch verharmlost. Wird nicht vielmehr die totale Selbstentfremdung und Ohnmacht, der bereits eingetretene psychische Tod, physisch nachvollzogen?

Die Frustration der narzißtischen Bedürfnisse

Wir haben gesehen, daß die narzißtische Bedürftigkeit des Kindes und insbesondere des Kleinkindes, im Grunde aber des Menschen jeden Lebensalters überhaupt, eine solche nach Wärme, Geborgenheit, Zuwendung, Anerkennung und Spiegelung ist. Anschließend haben wir die Psychodynamik narzißtischer Frustrationen und Störungen am Beispiel der Kränkungen studiert. Tatsächlich führt die Versagung der narzißtischen Bedürfnisse im Kindesalter durch die entscheidenden Personen – in der Regel die Eltern – und die damit verbundenen Enttäuschungen (Kränkungen) zu *narzißtischen Persönlichkeitsstörungen.* In der Sprache Kohuts (1979) handelt es sich um Defekte im «Selbst», die hauptsächlich als Folge mangelnder Einfühlung der «Selbstobjekte» auftreten. Das wichtigste Selbstobjekt des Kleinkindes, normalerweise die Mutter, sollte die narzißtischen Bedürfnisse des Kindes optimal befriedigen und optimal versagen, wie wir dies bereits dargestellt haben. Dies ist Voraussetzung für eine gesunde psychische Entwicklung. Statt dessen besetzt das Selbstobjekt das Kind selber narzißtisch, das heißt die wichtigste Bezugsperson erlebt das Kind nicht als Zentrum seiner eigenen Aktivitäten, sondern sucht (unbewußt) ihre eigenen narzißtischen Bedürfnisse mit Hilfe des Kindes zu befriedigen.

Das heißt nun nicht, daß keine mütterliche Liebe vorliege. Aber es fehlt dieser Liebe an Konstanz und Kontinuität. Es liegt ein ständiges Schwanken zwischen falscher Einfühlung, Übereinfühlung und fehlender Einfühlung vor. Die Mutter schenkt Liebe, *wenn* das Kind lieb ist, das heißt, wenn es den Erwartungen, Vorstellungen und Forderungen der Mutter entspricht. Tut dies das Kind nicht, wird es mit Liebesentzug bestraft; es ist dann ein «böses» Kind. Das Kleinkind ist hilflos; es braucht Zuwendung und Liebe notwendig; also wird es alles tun, um auf irgendeine Weise Zuwendung zu erhalten. Es erhält sie, wenn es «lieb» ist und sich den mütterlichen Bedürfnissen und Wünschen fügt. So wird es zum *verfügbaren Kind*. Doch der Gewinn der mütterlichen Liebe und Zuwendung hat seinen Preis: Das Kind darf viele Gefühle, Wünsche und Verhaltensweisen nicht zeigen, darf vieles nicht leben; das «Selbst» des Kindes bleibt unentwickelt oder defekt; dementsprechend ist das Selbstwertgefühl schwer beeinträchtigt oder zumindest äußerst labil (A. Miller, 1979).

Welches sind denn eigene Gefühle, die das schon als Säugling angepaßte und verfügbare Kind (und später der Erwachsene) nicht bewußt leben darf und kann? Es sind Gefühle des Zornes, der Aggression, der Unzufriedenheit, der Ohnmacht, der Angst, der Verlassenheit, des Neides, der Eifersucht usw. Ein Beispiel: Bei einer 23jährigen Patientin fällt mir auf, daß sie sich an gewisse Naturerlebnisse im frühen Kindesalter genau erinnern kann, was von ihrer hohen Sensibilität und Aufmerksamkeit zeugt. Umso eigenartiger ist, daß sie sonst keinerlei Erinnerungen an die Vorschulzeit hat; da ist offenbar ungemein viel verdrängt worden. Als sie in die erste Klasse ging, bekam sie ein Brüderchen, das offenbar zum Liebling der Mutter wurde. Dennoch behauptet die Patientin aufrichtig, nie auch nur eine Spur von Eifersucht gegen ihren Bruder gehabt zu haben, im Gegenteil: Es sei immer nur der «Plausch» gewesen. Glaubhaft wirkt dies freilich nur, soweit es das bewußte Denken und Fühlen der Patientin betrifft. In Wahrheit durfte sie als Kind einfach keine Eifersuchtsgefühle zeigen; denn sie wären von den Eltern nicht akzeptiert worden, sie durften einfach nicht sein. Ein Kind kann aber nur dann Gefühle bewußt leben und er-

leben, wenn eine Person da ist, die das Kind *mit diesen Gefühlen* annimmt. Das angepaßte Kind entwickelt eine ganze Kunst, bestimmte Gefühle nicht zu leben, und so bleibt es auch als Erwachsener.
Einem jüngeren Arzt fiel in der Analyse folgende Kleinkinderszene ein: «Ich befinde mich auf der Toilette und sitze auf dem Töpfchen. Ich versuche aufzustehen und will Licht machen; denn es ist Abend geworden. Ich sitze nun schon lange im Dunkeln und bin ganz allein, verlassen. Ich leide unter der Verlassenheit und bin den Tränen nahe. Aber nein, ich darf nicht weinen, sonst kommt die Mutter. Ich muß doch nett zur Mutter sein.»
Ich frage, warum die Mutter nicht kommen soll? «Ich würde etwas verlangen, das nicht sein darf. Ich darf nicht nach der Mutter rufen und schon gar nicht weinen.»
Welche Konsequenzen hätte denn ein anderes Verhalten? «Die Mutter hätte mich für meine Unfolgsamkeit bestraft. Sie hätte mir noch den Rest der Liebe entzogen. Sie wäre zu mir böse gewesen. Sie hätte mich geschlagen.»
Die Mutter dieses Patienten konnte ihren Kindern nie Geborgenheit schenken. Der Patient konnte wie seine Geschwister viele Gefühle nicht leben, weil Liebesentzug und Bestrafung drohten. Es wurde zum völlig angepaßten, «braven» Kind, zum Musterkind. Es mußte sich immer wieder zusammennehmen, «bis zum Krepieren». Kein Wunder, daß der Analysand sich zu einem stillen Dulder mit einem Zwang zur Übergewissenhaftigkeit und zum Perfektionismus entwickelte. Kein Wunder auch, daß eine Diskrepanz zwischen seinem Ideal des Dulders und perfektionistischen Könners einerseits und öfteren depressiven Verstimmungen oder narzißtischen Wutanfällen besteht. Kein Wunder schließlich, daß er heute noch irgendwie der kleine Knabe ist, der sich nach Geborgenheit sehnt und immer noch auf der Suche nach einem «Kinderparadies» ist.
Als ein Paradies, das ihnen versagt blieb, stellen sich viele

Patienten die Kindheit vor, wenn ihnen ihr Manko an Geborgenheit bewußt wird. Es sind Menschen, denen in der Kindheit das entscheidende Erlebnis der konstanten, mütterlichen und dann auch väterlichen Zuwendung nicht zuteil wurde, Menschen, die zur Anpassung gezwungen wurden, um Liebe zu erhalten, und die Anerkennung nur erhielten, wenn sie brave und verfügbare Kinder waren. Sie sind oft das ganze Leben lang auf der Suche nach einem nie gehabten und doch tief ersehnten Paradies der Zuwendung und Geborgenheit und müssen dann sehr schmerzlich erfahren, daß das in der Kindheit Versagte nie nachholbar ist.

Es versteht sich von selbst, daß solche Sehnsüchte und Erwartungen auf die Therapie übertragen werden. Beispielsweise kann sich die Hoffnung, vielleicht sogar das Begehren entwickeln, dank der Psychotherapie werde dereinst der psychische Zustand so sein, daß nichts mehr an das große Manko erinnere. Die Vorstellung einer «totalen» Heilung durch Psychotherapie ist aber praktisch immer illusionär. Narben, schwache Stellen, Anfälligkeiten, Reminiszenzen bleiben.

Wenden wir uns einer jungen Frau zu, die folgenden Zustand phantasiert: «Ich könnte endlich leben ohne Zwänge und Verpflichtungen, ganz dem inneren Triebe folgend. Ich könnte meine eigenen Empfindungen gestalten, im Moment und aus dem Moment heraus leben. Ich wäre frei von Verantwortungen – erst später würde ich allmählich wieder Verantwortungen übernehmen. Ja, ich lebte in Verantwortungsfreiheit.» – Plötzlich sind ihre Phantasien während der Analysestunde völlig blockiert; beim Gedanken an Verantwortungsfreiheit gerät sie in panische Angst. Sie sehnt sich nach einem Zustand, den sie niemals leben konnte; denn sie hatte schon als Kind viel Verantwortung zu tragen, mußte zahllose elterliche Bedürfnisse und Wünsche befriedigen, wurde von der «groben» väterlichen und der «sanften» mütterlichen Autorität manipuliert. So ist Kind-Sein bei ihr mit höchst ambivalenten Gefühlen verbunden: Einerseits erträumt sie sich ein «Paradies» wirklichen Kind-Seins, geborgen, verstanden und akzeptiert, in kindlicher Freiheit von Eigenverantwortung; anderseits ist die eigene Kindheit im Erleben der Patientin das völlige Gegenteil dessen, was sie heute ersehnt und was natürlicherweise dem Kinde zukommen müßte.

Die Ambivalenz zeigt sich vollends, als ich die Patientin frage, warum ihr denn der Gedanke an die Verantwortungsfreiheit eines Kindes so Angst mache. Heftig erwidert sie, «das» Kind könne nicht existieren; es werde manipuliert, aufgefressen, aufgelöst... (so sehr wurden also die narzißtischen Bedürfnisse des Kindes, das die Patientin einmal war, frustriert; so sehr wurde sie von den elterlichen Bedürfnissen manipuliert). Darauf weint sie intensiv und verspürt tiefe Verlassenheit und Traurigkeit. Sie kann sich (noch) nicht damit abfinden, daß ihr das wirkliche Kind-Sein vorenthalten wurde und es nicht mehr nachholbar ist.

Eine andere junge Patientin berichtet folgendes: Schon seit einiger Zeit arbeitet sie neben ihrem Medizinstudium aushilfsweise in einem Geschäft und ist dort einer tüchtigen, an sich freundlichen Frau unterstellt. Aber sie fühlt sich von dieser Frau verachtet, gedemütigt und unterdrückt. Eigenartigerweise sucht sie jedoch ausgerechnet fieberhaft die Anerkennung und Zuwendung gerade dieser Vorgesetzten. Da sie weiterhin nur Verachtung und Demütigung erlebt, fühlt sie sich völlig entwertet, ohnmächtig, ja verzweifelt.

Was geschieht hier: Die Patientin inszeniert nichts anderes als Situationen, in denen sie die Tragik ihres Kindheitserlebens real noch einmal erleben muß. Sie suchte während der ganzen Kindheit und im Grunde bis heute sehnlichst die Liebe, Zärtlichkeit und Anerkennung der Mutter; aber sie erfuhr etwas Anerkennung und Zuwendung bloß, wenn sie gehorsam und brav war und vor allem die narzißtischen Bedürfnisse der Mutter befriedigte. Immer wieder erlebte sie Unterdrückung, Verachtung und Demütigung. In der geschilderten Situation unterwirft sie sich einer Person, die sie unterdrückt, verachtet, demütigt, und sie sucht ganz besonders intensiv deren Anerkennung. Es wiederholt sich das verzweifelte und mit allen Mitteln betriebene Suchen des Kindes nach Anerkennung und Zuwendung der Mutter, und wie sie so oft von ihr im Stich gelassen wurde, erntet sie auch von ihrer Vorgesetzten statt Anerkennung Verachtung. Die ständige Wiederholung derartiger Situationen und Erlebnisse zeigt, daß es sich nicht um Zufälle, sondern um psychologische Gesetzmäßigkeiten (unbewußte *Inszenierungen* durch den Neurosekranken) handelt. – Der Medizinstudentin fällt in der Analysestunde auch noch ein, daß Verachtung und Demütigung des Schwächeren Züge sind, die insgeheim auch in ihr selbst walten.

Uns fällt die wichtige Arbeit von Freud «Erinnern, Wiederholen, Durcharbeiten» (1914) ein: Der Neurotiker leidet an seinem Wiederholungszwang, das heißt, er bringt sich immer wieder aktiv, wenn auch unbewußt, in unangenehme Situationen und wiederholt alte Erfahrungen, ohne sich des Vorbildes zu erinnern. Im Gegenteil, er hat den bestimmenden Eindruck, daß es sich um etwas handelt, das ausschließlich durch Gegenwärtiges motiviert wird. Der Neurotiker erinnert nichts von dem Vergessenen und Verdrängten, sondern er «agiert» es. Er reproduziert also das Vergessene und Verdrängte als Tat, natürlich ohne zu wissen, daß er es wiederholt. Der Wiederholungszwang und das Agieren stehen in einem engen Verhältnis zum Widerstand. Je größer der Widerstand, desto ausgiebiger wird das Erinnern durch Agieren bzw. Wiederholen ersetzt und umgekehrt. Daraus ergibt sich, wie Freud sagt, daß die Krankheit des Neurotikers nicht als eine historische Angelegenheit zu behandeln ist – wiewohl die Genese sehr ernstgenommen werden muß –, sondern daß wir die Neurose als eine aktuelle Macht zu behandeln haben. Im Prinzip geht es darum, *das Agieren durch Erinnern zu ersetzen,* und dies heißt, daß der Neurotiker allmählich lernt, sich mit dem Verdrängten und seinem Kranksein zu versöhnen.

Ein Zweites scheint mir beim erwähnten Beispiel der jungen Studentin bemerkenswert: Sie erkennt in der Analyse, daß die von ihr so gefürchteten Eigenschaften der Verachtung und Demütigung auch in ihr leben. Auch sie neigt insgeheim zu derartigem Verhalten, und die entsprechende Erkenntnis wirkt auf sie begreiflicherweise wie ein Schock. Sie steht vor der Aufgabe, bisher unbekannte Gefühle in ihr zu entdecken und allmählich zu akzeptieren. Jung hat dies das Erkennen und Akzeptieren des eigenen «Schattens» genannt. Und weil negative Eigenschaften in der eigenen Persönlichkeit oft nicht erkannt und stattdessen nach außen, in andere Menschen, in die Gesellschaft usw. projiziert werden, geht es um die freilich schmerzliche Rücknahme dieser Projektionen.

Wir haben bisher, vielleicht etwas einseitig, hauptsächlich von den *Müttern* narzißtisch gestörter Persönlichkeiten gesprochen. Nun verhält es sich so, daß diese Mütter selbst narzißtisch gestört sind und ihre ungestillte narzißtische Bedürftigkeit am Kind zu befriedigen versuchen. Der Ausdruck «Mutter» wäre korrekter wiederzugeben mit «erste und wichtigste Bezugsperson des Kindes». Wohl ist dies in der Regel die Mutter, kann aber auch eine Ersatzmutter oder der *Vater* sein. Dieser scheint, davon abgesehen, in späteren Phasen der Kleinkindesentwicklung einen wichtigen Einfluß auszuüben. Das Kleinkind hat ein legitimes Bedürfnis, zumindest eine Person seiner nächsten Umgebung als allmächtig und allwissend zu idealisieren und sich mit dieser idealisierten Person – oft dem Vater – zu identifizieren. Häufig kommt es so zu einer gewissen Rollenverteilung der beiden Eltern, indem die Mutter mehr dem frühkindlichen Bedürfnis nach Symbiose, Geborgenheit und Spiegelung entsprechen sollte, während dem Vater eher die Aufgabe zukäme, ein verläßliches Objekt für das kindliche Bedürfnis nach Idealisierung zu sein. Er sollte dieses Bedürfnis zulassen, aber ohne in einer späteren Phase der bewunderte Halbgott zu bleiben, der seinerseits seine Allmachtsphantasien am Kind abreagiert. Er soll dem Kind gestatten, die wirklichen Begrenzungen des Vaters zu entdecken, ohne daß er sich gekränkt dem Kind entzieht. Er sollte, mit anderen Worten, das kindliche Idealisierungs- und Fusionsbedürfnis ohne eigene Größenphantasien zulassen und später fähig sein, die Lösung des Kindes und den eigenen «Göttersturz» ohne schmollendes und rächendes Gekränktsein zu ertragen.

Das Märchen von der kleinen Seejungfrau

Eine junge Patientin erzählt mir, wie sie im «ödipalen» Alter von fünf Jahren ihren Vater als extrem verführerisch erlebte. Er ließ sie am Morgen zu sich ins Bett kriechen und sang ihr «liebe» Lieder. So habe er ihr das Gefühl gegeben, sie sei seine Königin oder seine Prinzessin. Sie war überzeugt, daß sie ihren Vater heiraten werde. Die Mutter existierte in ihren Vorstellungen kaum, obwohl das Kind sie wahrnahm (sie lag ja auch daneben im Bett). So habe der Vater immer gelockt und sie dann völlig gleichgültig «hokken lassen». Er konnte sie wahnsinnig zusammenschlagen, war extrem autoritär, hatte nie Zeit für sie...
Da fällt der Patientin eine Stimme ein, die sagt: «Das ist ja nur blödes ödipales Zeug!» Gewiß ist es *auch* eine ödipale Geschichte, die an sich normale Geschichte eines fünfjährigen Mädchens im Dreieckverhältnis zwischen Vater und Mutter; es fühlt sich in diesem Stadium besonders vom gegengeschlechtlichen Elternteil angezogen, hofft auf ein Bündnis mit diesem, rivalisiert gegen den andern Elternteil,

ist auf diesen (d. h. auf die Mutter) wohl auch eifersüchtig (Gefühle, die in dieser frühen Phase der Analyse noch nicht durchbrechen). Die Patientin durchschaut aber die Stimme, die als Erklärung die Ödipuskomplex-Theorie anbietet; es soll sich nur um «blödes», das heißt unwichtiges Zeug handeln – der Kern ihres Kindheitsdramas wird damit nicht getroffen. Es handelt sich also um eine Abwehr der eigentlichen traumatisierenden Situation, eine Abwehr in Gestalt der Rationalisierung (der Intellekt «hilft», eine Erklärung zu finden, die aber nur von der Wahrheit ablenkt).

Während der nächsten Sitzung ist die Patientin sehr traurig; sie liegt zusammengekuschelt auf der Couch und schluchzt, weint. Sie verspürt große Trauer. Sie fühlt sich entsetzlich betrogen, mißachtet, verachtet, im Stich gelassen. Und plötzlich steigt eine Riesenwut in ihr auf. Eine Wut auf den Vater. Eine Wut auf den Ehemann. Eine Wut auf alle Männer. Und eine Riesenangst, zu lieben und dann einfach manipuliert und sitzengelassen zu werden. So wie sie es bei ihrem Vater erlebte und später auch bei ihrem Ehemann.

Schließlich erzählt sie in einer der folgenden Stunden von ihrem Lieblingsmärchen, der «Kleinen Seejungfrau» von H. C. Andersen. Das war und ist *ihr* Märchen, seit sie zurückdenken kann, und unzählige Phantasien hat sie mit diesem Märchen verbunden. Es spielt keine Rolle, daß sie das Märchen subjektiv verstanden hat, sonst wäre es ja gerade nicht *ihr* Märchen. Es ging und geht schließlich nicht um eine Märchendeutung, sondern um *ihr* Schicksal, das sie im Schicksal der Seejungfrau gespiegelt sah und heute noch sieht: Die Seejungfrau gibt alles hin, was sie hat, sie gibt ihre ganze große Liebe, ja sie opfert sich selbst, nur um die Liebe des Prinzen zu erringen. Sie rettet dem Prinzen unter eigener Lebensgefahr das Leben, ohne daß dieser es weiß (genauer gesagt, er schreibt dieses Wunder einer fernen, unerreichbaren Jungfrau zu, die er in der Seejungfrau nicht erkennt, und statt ihrer findet er später ein anderes Mädchen). Sie läßt sich von der Meereshexe anstelle ihres Fischschwanzes Menschenbeine machen, um sich ihm anzugleichen, doch schmerzt jetzt jeder Schritt, wie wenn Tausende von Messern und Nadeln in den Fuß stächen. Sie opfert der Hexe sogar ihre Zunge und damit ihre unvergleichlich schöne Singstimme. Sie bleibt in der Welt des Prinzenschlosses stumm und erlebt daher eine entsetzliche Einsamkeit. Sie tanzt mit dem Prinzen unter äußersten Schmerzen, um seine Liebe zu gewinnen. Doch bleibt sie für den Prinzen nur ein liebenswertes Spielzeug. Er «manipuliert» sie... und läßt sie furchtbar fallen; er heiratet eine andere. Die Seejungfrau lächelt und tanzt noch die ganze Hochzeitsnacht, doch am Morgen zerfällt sie, ihrem Schicksal gemäß, in ein Nichts. Sie hat keine unsterbliche Seele wie die Menschen, sondern vermischt sich mit den Wogen des Meeres.

Die Patientin weint und trauert. So wurde sie angelockt, verführt vom Vater und «grausam zurückgestoßen». So gab sie ihr (kindliches) Selbst hin und verlor es; jetzt fühlt sie sich leer, trostlos, wurde doch ihr Selbst einfach weggeworfen wie ein gebrauchtes Spielzeug.

Ich bin überzeugt, daß die Geschichte dieses kleinen Mädchens, das die Patientin einst war, wahr ist. Sie erzählt von einem Kind, das von seinem Vater, der sehr autoritär, züchtigend und sonst sozusagen nicht vorhanden war (er hatte «nie Zeit»), als Spielzeug für seine eigenen Bedürfnisse mißbraucht worden ist. Träume bestätigen das Drama von der Anlockung, dem Manipulieren und dem brutalen Zurückstoßen. Das Vorschulkind ist tatsächlich mit seiner noch unkritischen, idealisierenden Haltung ein vorzügliches, verfügbares Objekt für die verschiedensten Bedürfnisse der Eltern (Ausübung von Macht, Verachtung, Manipulierung, Befriedigung eigener sexueller Bedürfnisse usw.). Die Eltern der Patientin (ich bin aus dem bisherigen Analyseverlauf überzeugt, daß beide Eltern betroffen sind) anerkannten und akzeptierten ihr Kind nicht so, wie es war; es mußte «lieb» sein, gehorchen, die elterlichen Bedürfnisse befriedigen. Es wurde manipuliert. Es erfuhr keine selbstverständliche Anerkennung. Es erlebte keine Geborgenheit zuhause. Es wurde «gebraucht» und dann zurückgestoßen.

Vieles, was in dieser Erzählung sichtbar wird, verrät die Wurzeln einer narzißtischen Störung, anders gesagt die Folgen, wenn die narzißtischen Bedürfnisse des Kindes grob frustriert werden. Darüber hinaus erkennt man, daß es sich bei der Patientin noch um mehr als um eine bloße Frustration narzißtischer Bedürfnisse geht: Sie wurde *von den Eltern als verfügbares Selbstobjekt* (als ein Objekt, das in seiner Eigenständigkeit nicht akzeptiert, sondern nur als «zu eigenem Gebrauch» anerkannt wird) *manipuliert.*

Das Wesen der narzißtischen Selbstentfremdung

(Symptome der narzißtischen Persönlichkeitsstörung)

Die narzißtische Grundstörung besteht in einem narzißtischen Defizit seit früher Kindheit. Sie führt zu einer mehr oder weniger intensiven Selbstentfremdung, die weitverbreitet ist. Wie stets in der Psychologie und Psychopathologie gibt es ein breites Spektrum und fließende Grenzen zwischen dem sogenannt Normalen und dem Krankhaften. Wir wollen uns hier mit dem bekannten Hinweis begnügen, daß zur krankhaften narzißtischen Persönlichkeitsstörung jedenfalls ein deutlicher Leidenszustand des Betroffenen gehört.

Das Symptomenbild der narzißtischen Persönlichkeitsstörung ist keineswegs einheitlich. Dennoch gibt es charakteristische Grundzüge. Sie fielen mir in meiner praktischen Tätigkeit auf, bevor ich die moderne Narzißmusliteratur (Kohut, Kernberg, Miller u.a.) kannte, doch vermochte ich sie noch nicht richtig einzuordnen. Nun habe ich den Eindruck, fast alle meiner Patienten zeigten zumindest auch eine narzißtische Problematik. Es ist mir bewußt, daß der geschärfte Blick für eine Sache tatsächlich mehr sieht, vielleicht sogar einseitig. So mag es Freud und seinen Schülern in einer Zeit ergangen sein, da sexuelle Probleme noch ungemein verdrängt wurden. Es drängte sich sogar auf, den Kern der Neurosen im Konflikt zwischen dem Ich und dem Sexualtrieb zu erkennen.

Dem erwähnten narzißtischen Defizit entspricht eine schwere Störung des Selbstwertgefühls; ein stabiles kohärentes Selbst konnte sich nie entwickeln. Um Mißverständnissen vorzubeugen, möchte ich klarstellen, daß ich vorläufig von einem «Selbst» stets im Sinne der Psychoanalyse und insbesondere der psychoanalytischen Narzißmusforschung spreche. Allerdings sind die psychoanalytischen Selbst-Konzepte unter sich wieder stark divergierend; sie reichen vom Selbst als Selbstwertgefühl bis zum Selbst als «Mittelpunkt des psychischen Universums» (Kohut 1979). Immerhin, soviel dürfte von der psychoanalytischen Ich-Psychologie bis zur Narzißmusforschung gemeinsam gegeben sein: Man spricht eher von einem Selbst, einem realen Selbst und Ideal-Selbst, statt von einem Ich, realen Ich und Ideal-Ich (bzw. Größen-Ich). Am Begriff «Selbst» ist neu die Betonung des Selbstwertgefühls und der ganzheitliche Aspekt (anstelle der im klassischen Sinne eng begrenzten Instanz «Ich»). Eine andere Terminologie werden wir erst kennenlernen, wenn wir das Selbst-Konzept der analytischen Psychologie (C. G. Jung) in unser Gespräch miteinbeziehen.

Nun ist bei der narzißtischen Störung nicht nur das *Selbstwertgefühl* labil oder schwach, sondern auch das *Selbstgefühl* ist krank. Was heißt das? A. Miller (1979) versteht unter gesundem Selbstgefühl die «unangezweifelte Sicherheit, daß empfundene Gefühle und Wünsche zum eigenen Selbst gehören» (S. 60). Der Zugang zu den eigenen Gefühlen und Wünschen ist selbstverständlich und vermittelt dem Menschen Halt und Selbstachtung. Der Mensch mußte nicht schon im frühen Kindesalter lernen, bestimmte – von den Eltern abgelehnte, unerwünschte – Gefühle *nicht* zu leben, wie Traurigkeit, Verlassenheit, Schmerz, Eifersucht, Zorn, Trotz. Bei der narzißtischen Störung ist dies alles anders; der Mensch hat keinen echten Zugang zu seinen Gefühlen, seinen wirklichen Wünschen; er ist *sich selbst entfremdet.*

Vor allem das äußerst prekäre Gleichgewicht des Selbstwertgefühls erzeugt eine hohe Kränkbarkeit, das heißt, die Toleranz für Kränkungen ist stark erniedrigt. Wir haben davon gesprochen und verstehen darum auch die Neigung zu unkontrollierten Wutausbrüchen.

Narzißtische Grandiosität

A. Miller (1979) hat zwei Extremformen der narzißtischen Persönlichkeitsstörung herausgearbeitet, wobei jede die Kehrseite der andern ist. Die Grandiosität wird verständlich als Kompensationshaltung: Das grundliegende narzißtische Defizit wird mit Größenphantasien zu kompensieren versucht. Es wird ein übersteigertes, grandioses Ideal-Ich oder Größen-Selbst phantasiert. Kohut (1973) meint, beim Größen-Selbst handle es sich um eine Regression auf infantile Größenphantasien, die sich erlebnishaft umschreiben lassen durch die Aussage: «Ich bin vollkommen.» Der narzißtisch Gestörte zieht sich demnach infolge mangelnder realer Selbstachtung auf ein phantasiertes grandioses Selbst zurück. Freilich genügt es ihm nicht, das ideale Selbst immer wieder zu phantasieren; es wird dennoch stets neu die Zuwendung und Bewunderung von anderen benötigt. Der Wunsch nach Bestätigung von außen ist unersättlich, ja süchtig. Ohne Bewunderung kann der narzißtisch Gestörte gar nicht leben. Zur Grandiosität des inflatorischen Größen-Selbst gehört oft ein Perfektionismus. Von einem dunklen Zwang getrieben, muß der Gestörte alles möglichst fehlerfrei und vollkommen tun: perfekt in der Arbeit, perfekt im Haushalt, perfekt in moralischer Hinsicht, perfekt in der sexuellen Leistung (phallische Grandiosität)... Dieser Perfektionismus ist einerseits ein Produkt der Größenphantasien, anderseits aber Ausdruck für das nie gesättigte Bewunderungsbedürfnis. Der Eindruck, den eine Leistung oder eine Arbeit hinterläßt, wird oft wichtiger als Leistung oder Arbeit selbst.

Freud (1914 b) erkannte schon früh die Bedeutung des von ihm so genannten Ideal-Ich innerhalb des Narzißmus. Er bemerkt, dem Ideal-Ich gelte die Selbstliebe, welche das wirkliche Ich in der frühen Kindheit genoß. Der Narzißmus scheine auf dieses neue ideale Ich verschoben, welches sich wie das infantile im Besitz aller wertvollen Vollkommenheiten wähnt: «Was er als Ideal vor sich hin projiziert, ist der Ersatz für den verlorenen Narzißmus seiner Kindheit, in der er sein eigenes Ideal war» (1914 b, S. 161). Das Ideal-Ich ist, mit anderen Worten, das Ideal narzißtischer Allmacht und Vollkommenheit nach dem Vorbild des frühkindlichen Narzißmus.

Die Vorstellungen der modernen Narzißmusforschung gehen vom Freudschen Ansatz aus, haben diesen jedoch wesentlich ausgebaut. Ich habe versucht, diese Vorstellungen schematisch zusammenzufassen, wobei ich überall den Begriff «Selbst» der psychoanalytischen Narzißmusforschung einsetze: vergleiche das nebenstehende Schema «Die Entwicklung des narzißtischen Systems».

Kohut ist der Auffassung, daß jede im Schema dargestellte Entwicklungsstufe einen stets reiferen Ersatz für den ursprünglichen primären Narzißmus darstelle. Wir kommen auf diese Vorstellungen von der Reifung des Narzißmus später zurück; hier sollen sie lediglich die Regression (bzw. Fixation) des narzißtisch gestörten Menschen auf das Größen-Selbst oder die Grandiosität etwas veranschaulichen. Man muß sich hierzu nur die Entwicklungspfeile umgepolt vorstellen.

Das Größen-Selbst des narzißtisch Gestörten wird, wir sagten es schon, nicht nur von innen durch entsprechende Größenphantasien gespeist; es verlangt auch stets neu die Bewunderung von außen. Die Beziehungen zu anderen Menschen sind kaum getragen von Liebe; der Partner, Freund, Bekannte wird narzißtisch besetzt und damit zum Selbstobjekt. Die Objektbeziehungen sind in hohem Grade narzißtisch, das heißt, der andere Mensch wird nicht als Zentrum seiner eigenen Aktivitäten, wird nicht als Du erlebt. Der narzißtisch Gestörte kann sehr wohl viele Objekt*beziehungen* haben und sozial äußerst angepaßt sein; dies trifft gerade für den Grandiosen sehr oft zu. Bei der Objekt*liebe* dage-

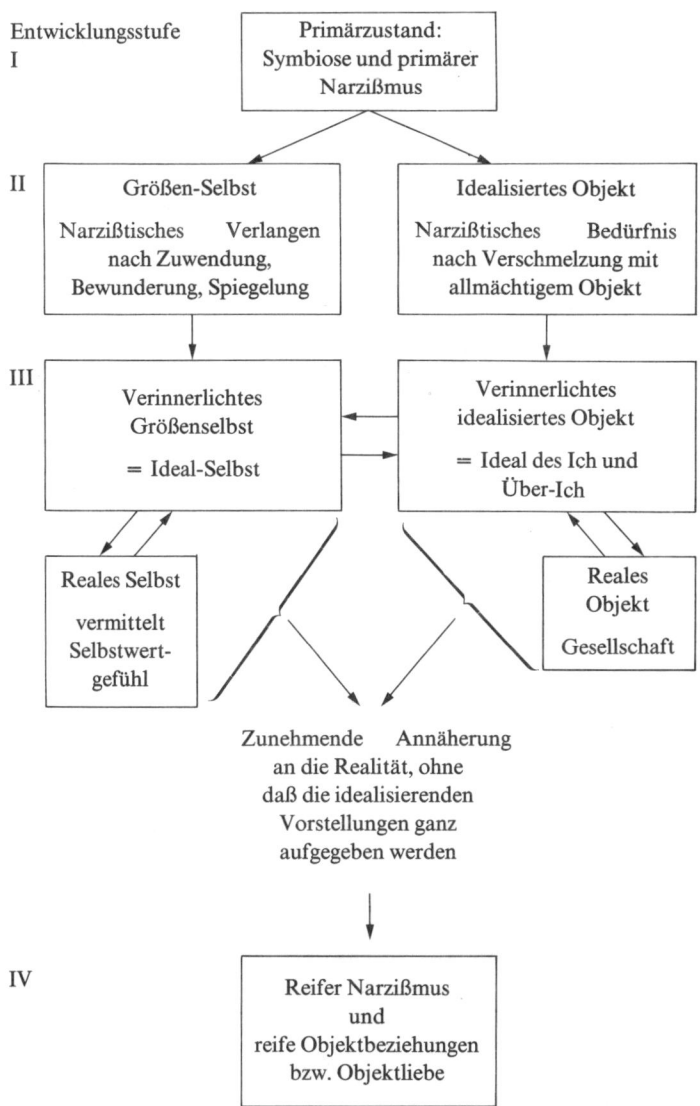

gen ist der andere Mensch, das Du, nicht (oder jedenfalls nicht in erster Linie) Selbstobjekt, sondern er wird geliebt als der, der er ist. Die Objektbeziehungen des narzißtisch Grandiosen zeichnen sich durch Neid und einen ausbeuterischen, ja sogar parasitären Charakter aus. Der Grandiose verfügt ohne Schuldgefühle über andere und nützt sie aus.
Durch seine Sucht nach Bewunderung, die narzißtische Besetzung anderer und den ausbeuterischen Charakter seiner Objektbeziehungen wirkt der Grandiose egozentrisch. Dennoch vermeide ich es, von einer übertriebenen Selbstbezogenheit zu reden. Denn auf sich selbst bezogen kann der narzißtisch Gestörte gar nicht sein, weil er sich selbst zutiefst entfremdet ist. Er hat keine echte und fraglose Beziehung zu seinem Selbst; sein Selbstgefühl ist nicht intakt und das Selbstwertgefühl schwach. Nun gesellt sich aber zur Selbstentfremdung die Entfremdung gegenüber dem Du, der Mitwelt, der Gesellschaft. Er lebt Objektbeziehungen, aber kaum Objektliebe. Er ist zwar außerordentlich abhängig von der Zuwendung und Bewunderung anderer; andere Menschen sind für ihn nur soweit wichtig, als sie seine narzißtischen Wünsche befriedigen. Es mag zunächst verblüffen, daß er gleichzeitig außerstande ist, eine echte Abhängigkeit zu leben, das heißt sich auf einen Menschen wirklich zu verlassen, ihm zu vertrauen. Er ist zutiefst mißtrauisch und verachtet die andern. Er hat ein dringendes Bedürfnis, alles, was nicht ihn selbst betrifft, zu entwerten. Gerade darin liegt eine Tragik, daß die Grandiosen zwar äußerst narzißtisch bedürftig sind und fast unersättlich von anderen viel brauchen, anderseits aber das, was sie bekommen, gar nicht anerkennen können. Die Anerkennung würde nämlich zum Eingeständnis der Abhängigkeit führen und den «grandiosen Stolz» verletzen. Das Größen-Selbst müßte von seinem künstlichen Podest heruntersteigen.
Man kann auf diese Weise die Symptome des Grandiosen als Kompensation verstehen. Die Unfähigkeit, Abhängig-

keit zu ertragen und die Entwertungstendenz können aber auch als Abwehr interpretiert werden: Wenn der Grandiose mit seinem leeren Selbst konfrontiert wird, drohen ohnmächtiger Zorn und vehemente Aggressionen in ihm aufzusteigen. Es ist die Wut ob der erlittenen Kränkungen und Frustrationen, die er in der Abhängigkeit des Kindes erlebte. Er möchte sich nun vor jeder weiteren Abhängigkeit schützen, da er sich diese nicht anders als kränkend und frustrierend vorstellen kann.

Narzißtische Depression

Der Grandiose macht nach außen oft den Eindruck des Überheblichen, ja der Selbstverherrlichung. Aber er hat sein Haus auf Sand gebaut, und der Schein trügt, ist doch die Grandiosität lediglich eine Abwehr- und Kompensationshaltung. Kleinigkeiten, relativ geringfügige Kränkungen können den Grandiosen in die Dekompensation, das heißt in die Depression stürzen. Von der narzißtischen Depression haben wir bereits im Zusammenhang mit den Kränkungen gesprochen. Für diese Art Depressionen ist recht typisch, daß die traurige Verstimmung, das «seelische Tief», kaum stark auffallen; vielmehr hört man Klagen über Arbeitsunlust, Arbeitshemmung, eine innere Leere, eine Abstumpfung der Gefühle, eine Freudlosigkeit des Daseins. Alles im narzißtisch Depressiven wirkt passiv, stumm, kraftlos, fern jeder Freude, fern jedes Engagements. Der Betroffene wirkt hilflos, und nicht selten sind auch Angehörige, Ärzte und Psychotherapeuten hilflos, wenn sie der verzweifelten Ohnmacht der narzißtisch Depressiven gegenüberstehen.
Auffallend häufig kommen hypochondrische Befürchtungen vor. Es handelt sich um eine weit übertriebene Beschäftigung mit dem Wohlbefinden des eigenen Körpers. Sie ist

dann als krankhaft zu bezeichnen, wenn sie das Denken eines Menschen inhaltlich zu bestimmen beginnt. Kohut (1979) deutet die hypochondrischen Befürchtungen bei narzißtisch Gestörten als eine Furcht vor dem Zusammenbrechen des bereits schwach und labil erlebten Selbst. Wenn der Kranke sein Selbst als schwach, ja zersplittert erlebt, versucht er dieses Erlebnis zu erklären, etwa in Form von hypochondrischem Grübeln, oder in Form von hypochondrischen Klagen zu beschreiben. Die eigentliche Gefahr, der drohende Verlust der Identität oder des kohärenten Selbst, wird als drohendes Auseinanderbrechen des «Körper-Selbst» erlebt. – Dieselben Befürchtungen können sich auch als Angst, wahnsinnig zu werden, äußern.

Sehr oft weist der narzißtisch Depressive einen moralischen Perfektionismus auf. Die Anforderungen an sich selbst können den Eindruck eines «sadistischen» Überich wecken; Perfektionismus und Moralismus sind dann selbstquälerisch. Offenbar sind abgespaltene moralisch-ethische Größenphantasien wirksam, wie überhaupt eine Mischung depressiver und «grandioser» Symptome häufig ist.

Narzißtische Depressionen brechen oft in der Lebensmitte auf. Viele Patienten, die mit einer midlife crisis zu mir kommen, leiden an einer bald verdeckten, bald offensichtlicheren narzißtischen Depression. C.G. Jung hat bereits vor etwa fünfzig Jahren (1931) eine Abhandlung dem Problem «Lebenswende» gewidmet, davon überzeugt, daß sich in der Mitte des Lebens eine wichtige Veränderung der menschlichen Seele anbahnt. Jahrzehnte später hat Kohut (1979), vielleicht ohne Kenntnis der grundlegenden Werke Jungs, bemerkt, es gebe in der Lebenskurve des Selbst einen kritischen Punkt, an dem eine letzte entscheidende Prüfung darüber bestimme, ob die vorherige Entwicklung gelungen oder mißlungen war. Dieser Punkt sei der Eintritt in die zweite Lebenshälfte. Die Lebenskurve nähert sich biologisch der endgültigen Abwärtsbewegung. Die Zeit der Expansion ist vorüber. Der Mensch beginnt sich zu fragen, ob er im bisherigen Leben seinem innersten Muster treu war. Er zieht Bilanz in einer Lebensperiode, in der er die Unausweichlichkeit der biologischen Abwärtsbewegung, der Alterung und des näher rückenden Todes nicht mehr völlig verdrängen kann. Offensichtlich scheint die Lebensmitte eine kritische und wichtige Schwachstelle im narzißtischen Gleichgewicht des Menschen zu sein. Zahlreiche Menschen führen in dieser Zeit ein freud- und fruchtloses Leben; sie haben das Gefühl, endgültig und in nicht mehr wiedergutzumachender Weise am Leben und am «wahren» Selbst vorbeigelebt zu haben. Diese Gefühle können so leiderfüllt sein, daß man von depressiven Verstimmungen sprechen muß, und dies bei Menschen, die zuvor meist einigermaßen im seelischen Gleichgewicht schienen.

Ich habe den Eindruck, daß manche Menschen ihr labiles narzißtisches Gleichgewicht in der ersten Lebenshälfte einigermassen überspielen oder kompensieren können. Alles ist ja noch in Expansion begriffen; die psychischen und vor allem die physischen Kräfte sind optimal. Die Lebenswende jedoch als Krise der endgültigen Begrenzung und des beginnenden Alterns stellt eine schwere narzißtische Kränkung dar, die das Selbstwertgleichgewicht nun ungehemmt empfindlich stören kann. Wir müssen annehmen, daß in allen solchen Fällen eine latente narzißtische Persönlichkeitsstörung längst vorhanden war, doch erst jetzt in der midlife crisis offen zu Tage tritt.

Der Mythos

Die Sagen von Narkissos (lat. Narzissus) stammen aus dem griechischen Böothien, genauer aus dem Ort Thespiae, wo in alter Zeit eine Quelle gezeigt wurde, in der der Knabe Narkissos sich gespiegelt haben soll. Der Name des Jünglings ist vorgriechischen Ursprungs; ob dies auch für die Sagen gilt, ist unsicher.
Die ausführlichste Darstellung stammt von Ovid (Metamorphosen, 3. Buch, Verse 341–510). Es ist aber schwer auszumachen, was alte Mythologie ist und was Ovid in den Jahren um die Geburt Christi dazugedichtet hat. Der Name Narzissus enthält eine Blume, die Narzisse, und beide Wörter enthalten das griechische «narke» = Erstarrung. Davon leitet sich das Wort «Narkose» ab. Die Narzisse mit ihren schönen, lilienartigen Blüten und dem verführerischen Geruch gilt von alters her als Todesblume.
Narzissus war ein bezwingend schöner Jüngling, in den sich viele Jungen und Mädchen verliebten. Aber ihre Liebe blieb unerwidert; die «sprödeste Härte» beseelte den zärtlichen Körper und «niemand vermochte den Schönen zu rühren» (V. 354f.)
Unter den Abgewiesenen war auch die Nymphe Echo; nicht einmal sie – kein wirkliches Du, sondern bloßer Widerhall – vermochte Narzissus aus seiner abweisenden Haltung zu lösen. Sie folgte ihm durch den Wald und warb um ihn. Wie sie sich dem Jüngling um den Hals werfen wollte, wies er sie empört von sich; er vermochte sich ihr nicht zu schenken. Die Kränkung grämte Echo zu Tode; der Körper löste sich auf und zurück blieb nur die leere Stimme. Da hob ein Ver-

schmähter die Hände zum Himmel und betete: «Möge er selbst nie lieben und nie das Geliebte besitzen!» (V.405). Nemesis, die Göttin der Rache, hörte es und führte Narzissus zu einem Teich, wo sich die Tragik des Jünglings erfüllte: Im Wasser erblickte er sich selbst, aber «unwissend»; sein Spiegelbild schien ihm das Bild eines anderen Jünglings zu sein. Heftigste Liebe zu seinem Spiegelbild ergriff ihn; die niemals gesättigte, vergebliche Liebe quälte ihn jämmerlich:

«Lieben – ich muß es und schauen; doch was ich erschaue und liebe,
Kann ich nicht greifen: den Liebenden hemmt eine mächtige Täuschung.» (V.446f.)

Mit wachsendem Leid begriff er endlich die seltsame Tragik:

«Aber ich bin es ja selbst! Ich merk es, mein Bild ist mir deutlich!
Liebe zu mir verbrennt mich: ich schüre die Glut, die ich leide...
Mein ist, was ich ersehne; ich möchte mich schenken und kann nicht.» (V.463ff.)

Erfüllt von Todessehnsucht wandte er sich wieder zum Teich und trübte das Wasser mit Tränen; alsbald schwand das Spiegelbild und Wut erfüllte den Jüngling. Er zerschlug sich die Brust und «verzehrt sich, allmählich verbrannt von verborgenem Feuer» (V.489).
So siechte er dahin und starb. Seine letzten Worte waren: «Ach, du Knabe, vergeblich geliebt» (V.500).
Nach der Version Ovids verwandelte ihn das Erbarmen der Götter in eine «krokusfarbene Blume, der Kelch von weißen Blättern umschlossen» (V.509f.).

Versuchen wir nun, den Mythos zu deuten. Im ganzen ersten Teil von der spröden Härte und kalten Abweisung bis zur – noch «unwissenden» Verliebtheit in das eigene Spiegelbild erkennt man unschwer die narzißtische Grandiosität. Narzissus scheint selbstgenügsam, überheblich, verachtend; er lehnt jede Beziehung zum Du ab und vermag sich nicht zu schenken. Nicht einmal das Echo-Du vermag ihn zu lösen; nur das völlig «reine» gespiegelte Ich im Spiegelbild des Teiches vermag Sehnsucht zu erwecken (Barz 1981). Psychologisch mag dies der unreifsten Form der Spiegelübertragung (Kohut 1973) entsprechen: Die Phantasien des narzißtisch Gestörten kreisen noch um das archaische Stadium des Größen-Selbst, in dem das Kleinkind – als Ersatz des primären Narzißmus bzw. der Symbiose – Vollkommenheit und Macht auf ein phantasiertes grandioses Selbst überträgt. In der Therapie wird dieses oft in einer narzißtischen Übertragungssituation wiederbelebt, und zwar in der unreifsten (oder anders gesagt: krankhaftesten) Stufe als regressives Verschmelzungs- oder Symbiosebedürfnis: Der Analytiker wird lediglich als eine Erweiterung des eigenen Größen-Selbst, als Träger der eigenen Größenphantasien wahrgenommen; als eigener Mensch existiert er für den Patienten praktisch nicht.

Lange täuscht das Spiegelbild Narzissus; denn es spiegelt nur die schöne Vorderseite, den vollkommenen und großartigen Teil; jedoch zeigt es nicht die Rückseite, den Schatten. Die unwissende Liebe des Narzissus ist die Verliebtheit in das eigene «Schöne», «Reine», «Vollkommene»; es ist aber keine Beziehung zum wahren Selbst. Psychologisch formuliert: Narzissus ist in sein Ideal-Selbst oder Größen-Selbst verliebt; unbewußt phantasiert er seine eigene Großartigkeit. Die realen, weniger großartigen oder minderwertigen Seiten seiner Persönlichkeit registriert er nicht; er verdrängt seinen Schatten.

Der Seher Teiresias hat zu Beginn der Erzählung Ovids auf

die Frage, ob der Knabe Narzissus ein hohes Alter erreiche, geantwortet: «Ja, wenn er sich fremd bleibt!» (V. 348). Übersetzt in die Psychologie darf man wohl sagen: Solange Narzissus sich selbst, den Grund seines Wesens, seine mächtige Selbsttäuschung, seine Grandiosität als Kompensation früher narzißtischer Frustrationen nicht erkennt, kann er ohne großes Leiden leben. Der narzißtisch Grandiose pflegt ja auch erst dann in Behandlung zu kommen, wenn seine Größen-Selbst-Kompensation mißlingt und er in die Depression stürzt. Daß Ovid die Liebe des Narzissus zu seinem Spiegelbild schon vor der Erkenntnis der Täuschung als qualvoll schildert, paßt nicht ganz zur Weissagung des Teiresias, liegt aber vielleicht an der Erzählform (der Erzähler weiß ja das Geschehen zum voraus).

Mit der Erkenntnis oder Bewußtwerdung erfolgt die Wende von der Grandiosität zur Depression. War Narzissus bisher dem Du entfremdet, so erweist sich jetzt, daß er auch sich selbst völlig entfremdet ist. Die Tragik des narzißtischen Schicksals besteht darin, daß Narzissus nicht nur in der Du- oder Objekt-Entfremdung lebt, sondern auch in fataler Selbst-Entfremdung: *Er bleibt sich selbst so fremd, wie er es anderen gegenüber ist;* er kann sich ebensowenig einem Du wie sich selbst schenken; er leidet in Wirklichkeit nicht an Eigenliebe; denn diese bleibt ihm verwehrt.

Die Tragik des Narzissus hat aber noch einen zweiten Teil, den man oft übersieht: Narzissus verzehrt sich zu Tode, seine vergebliche Sehnsucht ist *tödlich*. Die Wende tritt ein mit der Erkenntnis «Aber ich bin es ja selbst...»; Narzissus erkennt seine Tragik, und dieses Wissen ist tödlich. Seine Selbstverliebtheit ist in tragischer Weise selbstzerstörerisch, destruktiv; psychologisch ausgedrückt: Der Zusammenbruch der kompensatorischen Grandiosität stürzt den Kranken in eine schwere Depression, in einen Zustand der inneren Leere, der Freud- und Hoffnungslosigkeit, in ein verzehrendes psychisches Leiden. Darin liegt die psychische

Tödlichkeit des Leidens, die sich aber auch physisch auswirken kann – im nicht seltenen Suizid.

Bemerkenswerterweise ist auch die (narzißtische) Wut in Ovids Darstellung (V. 479) enthalten; wir haben die Wut und die Depression als pathologische Reaktionen auf die narzißtische Kränkung dargestellt.

Die Verwandlung in eine Blume wird meist so interpretiert, daß es sich um eine Narzisse handle, die im Altertum als eine verführerische Todesblume bekannt war. Mit Narzissen wurden die Rachegöttinnen, die Erinnyen, besänftigt. Narzissen enthalten ein Gift (Narkitin). So mag die Verwandlung gerade in eine Narzisse nicht zufällig sein.

Anderseits, warum sollte diese erstaunliche Verwandlung am Schluß des Mythos nicht auch einen positiven Aspekt aufweisen? Wir empfinden Blumen als schönes, stilles, leuchtendes, lebendiges, durch Form, Farben und Duft verlockendes Wunder. Eines Tages sind sie einfach da, entfalten und öffnen sich und entwickeln nach der Bestäubung Früchte. Nach der Jungschen Psychologie stellen sie in Märchen und Träumen oft Symbole des (Jungschen) Selbst dar oder sind ein vegetatives Spiegelbild der Sonne. Krokus und Osterglocken sind Narzissengewächse und bei uns Boten des Frühlings, der Auferstehung nach dem Tode. Wie, wenn der Mythos damit noch eine ganz andere Möglichkeit andeutete: Narzissus verbrennt sich selbst, und indem er stirbt, wird seine Umwandlung möglich? Das könnte bedeuten: Das Ende des Narzissus in uns allen, die Erlösung des Narziß ist zwar ein Sterben, doch es öffnet die Tore zur Wandlung. Der erlöste Narziß müßte einer Blume gleich irdisches Spiegelbild der Sonne sein.

Der Mythos und über ihn hinaus: Selbstentfremdung als Schicksal des Menschen?

Der Mythos beschreibt die Leidenssituation und Tragik des narzißtisch gestörten Menschen, seine völlige Selbst- und Du-Entfremdung. Ist es nicht erstaunlich? Der Mythos «wußte» schon vor Jahrtausenden um die Einkapselung des Menschen in ein «trügerisches», «falsches» Selbst, die ihn von seinem wirklichen Selbst wie von den anderen fernhält, und er «wußte», was heute erst die Psychologie als «Reifung des Narzißmus», «Selbstfindung», «Heilung des Selbst» zu erkennen beginnt!

Die narzißtischen Persönlichkeitsstörungen sind zumindest in unserem Kulturkreis sehr häufig. Sie sind offensichtlich eine potentielle Gefahr für alle: die Gefahr, daß der narzißtische oder Selbst-Reifungsprozeß mißlingt bzw. unter belastenden Umständen sich in Regression auf archaischere Entwicklungsstufen umkehrt.

Daraus ergibt sich die Forderung nach Heilung oder Reifung des «Ich-Selbst» oder, wie ich es nennen möchte, die Forderung nach *Erlösung zum «Ich-Selbst»*. Diese Forderung – oder sagen wir es weniger apodiktisch: dieses Ziel – ist wohl die wichtigste Erwartung, die sich an eine Psychotherapie knüpft. Tatsächlich versuchen die meisten Psychotherapieformen, so verschieden ihre Methodik und ihre Theorie sein mögen, die Erlösung zum «Ich-Selbst», die Stärkung des Ich, die Entfaltung eines Selbst und die Öffnung zum Du zu fördern, soweit dies dann in der individuellen Situation möglich ist.

Die Erlösung zum «Ich-Selbst» ebnet auch den Weg zum Du, vermag also nicht nur die Selbst-, sondern auch die Du-

Entfremdung zu beheben. Bemerkenswerterweise heißt es sowohl im alt- wie im neutestamentlichen Gebot: «Liebe den Nächsten *wie dich selbst*» (3 Mose 19,18; Mk 12,28). Die Bibel kennt den tiefen Zusammenhang zwischen Selbst- und Du-Entfremdung und zwischen Selbstliebe und Nächstenliebe (psychologisch gesprochen: zwischen Narzißmus im gesunden Sinne und Objektliebe). Merkwürdig ist nur, daß die Kirche, angefangen von den Kirchenvätern, so wenig von diesem Zusammenhang und von der Selbstliebe spricht. Woran mag das liegen? Gibt es wohl ein neutestamentliches und dann auch kirchliches Ideal, das die Selbstliebe abwertet oder sogar in eine Selbstverleugnung umkehrt?

Die Erlösung zum «Ich-Selbst», wie sie die Psychoanalyse und andere psychotherapeutische Richtungen anstreben, ist freilich keinesfalls mit einem ungehemmten Ausleben von «Ich-Trieben» oder Egoismen zu verwechseln. Schon Freud wurde seinerzeit vorgeworfen, er und seine Psychoanalyse förderten das ungehemmte Ausleben der sexuellen Triebe. Dies ist eine absurde Verkennung Freuds; denn wohl hat er das Lust-Unlust-Prinzip aufgestellt, daneben aber (1911) das von ihm so genannte Realitätsprinzip eingeführt. Es geht ja gerade um die Beherrschung des Trieblebens durch Anpassung an die Realität. So ist auch die Erlösung zum «Ich-Selbst» ein Anpassungs- und Reifungsprozeß. Es handelt sich um die Reifung von «Ich-Trieben» (zum Beispiel Liebe zu sich selbst, Entdecken und Entfalten eigener Interessen und Werte, ein gesundes Selbstgefühl und ein stabiles Selbstwertgleichgewicht), um die Entdeckung, Reifung und Verwirklichung eines eigenen Selbst. Der Begriff «Egoismus» ist dermaßen belastet – als Selbstgenügsamkeit, Selbstsucht und dergleichen –, daß ich ihn hier vermeiden möchte.

Zu solcher Reifung gehört, daß der heranwachsende Mensch sowohl die Überschätzung der eigenen Größe

(Grandiosität, archaisches Größen-Selbst bei Kohut) als auch die kritiklose Idealisierung seiner Bezugspersonen (bei Kohut: die Idealisierung allmächtiger Objekte) aufgibt. Es handelt sich um die zunehmende Erkenntnis der eigenen Begrenztheit, ein Prozeß, der allmählich die Grenzen der eigenen Möglichkeiten, ja des Menschseins überhaupt, und schließlich auch die Endlichkeit der Existenz akzeptieren lernt. Solches Akzeptieren ist gewiß nicht ohne Trauerarbeit möglich, ist aber dann ein Akzeptieren fern bloßer Resignation, ein Einwilligen, ein Ja-Sagen zur Existenz und zum Menschsein, wie sie eben sind.

Anderseits erlebt sich das Individuum, je mehr sein Narzißmus reift, als Mittelpunkt seiner selbst; es bezieht aus seinem Selbst das Gefühl für seine Einmaligkeit und seine Identität in aller Wandlung. Es erlebt sich als unabhängigen Mittelpunkt von Gefühlen, Wahrnehmungen, Antrieben, Strebungen und Idealen. Die «Reifung des Narzißmus», wie Kohut sie schildert, weist einen überraschenden Ganzheitscharakter auf, der gewisse Ähnlichkeiten mit der Individuation im Sinne der analytischen Psychologie Jungs zeigt. Es kommt denn auch nicht von ungefähr, daß der Jungianer Blomeyer (1975) die Frage «Individuation als gestalteter Narzißmus?» aufgeworfen hat.

Immerhin, das Selbst-Konzept erfährt in der Jungschen Psychologie eine bedeutsame Erweiterung, sogar über das letzte Konzept Kohuts (1979) hinaus. Innerhalb des Ich-Selbst wies Jung schon Jahrzehnte vor Kohut dem Ich eine eingeschränkte Rolle zu: im psychischen Individuationsprozeß sollte das Ich allmählich lernen, nicht mehr um sich selbst als Mittelpunkt zu kreisen, sondern diese Rolle dem «Selbst» zu überlassen. Wir werden das Problem des Jungschen Selbst im zweiten Teil aufgreifen. Es wird sich die Frage stellen, ob die analytische Psychologie nicht nur, wie praktisch alle Psychotherapien, die Befreiung zum «Ich-Selbst» anvisiert, sondern noch darüber hinaus eine Erlösung vom narzißtischen «Ich-Selbst» ermöglichen könnte (oder möchte).

Der Mythos von Narkissos spiegelt die Tragik des narzißtisch gestörten Menschen. Doch nun! Stellt der Mythos nicht auch eine *allgemeine* Tragik des Menschen dar?

Für die amerikanische Psychoanalytikerin Shirley Sugermann (1978) beispielsweise ist Narzissus Metapher für die Beschaffenheit des Menschen – für unsere «Sünde» und unseren «Wahnsinn». «Narziß stellt uns einem abstoßenden Bild unserer selbst gegenüber, in dem die äußerste Gleichgültigkeit, Unzugänglichkeit und Selbstbezogenheit vorherrschen, eine Selbstgenügsamkeit, die nicht ausreicht und nicht ausreichen kann, uns am Leben zu erhalten» (S. 24 f.). Sie stützt sich in ihrer Deutung auf zwei Gewährsleute: den Philosophen Kierkegaard (Narzißmus = Sünde, eine «Krankheit zum Tode») und den Psychoanalytiker R.D. Laing (Narzißmus = Selbstentfremdung = der generelle Wahnsinn des Menschen). Sugermanns Deutung geht mir viel zu weit. Wir müssen wirklich, wie dies Kohut tut, im Narzißmus etwas grundsätzlich Gesundes und Natürliches erkennen, freilich verbunden mit einer der wichtigsten menschlichen Entwicklungs- und Reifungsaufgaben. Die *Erlösung zum Ich-Selbst* und die Entfaltung eines reifen Narzißmus scheinen mir so selbstverständlich und elementar, daß mir Qualifikationen des Narzißmus als «Sünde» oder «Wahnsinn» als grobe Übertreibungen erscheinen. Man blickt gebannt auf den Mythos und verkennt, daß dieser uns das Bild des narzißtisch *gestörten* Menschen vorführt. Dennoch, stecken in Sugermanns, Kierkegaards und Laings Interpretationen nicht auch einige Wahrheitskörner? Jaspers spricht von der tragischen Grundverfallenheit des Menschen: Das Sein des Menschen ist brüchig. Die Tragik des Menschen liegt nicht nur darin, daß alles menschliche Leben, Tun, Leisten, Gelingen am Ende scheitern muß. «Tiefere und eigentliche Tragik aber erwächst erst da, wo das tragische Wissen den Ruin erfaßt, wie er gerade im Wahren und im Guten selber angelegt ist und unausweichlich zur Geltung kommt» (Jaspers 1952, S. 57). Erst das Denken, das im höchsten Gelingen das Scheitern erblickt, erkennt das Tragische.

Es geht um eine *tragische Unheilssituation des Menschen,* die nach Erlösung ruft. Die philosophische Erhellung, wie sie Jaspers postuliert, ist das tragische Wissen um die Nichteinheit des Menschen und des Menschlichen. Die Nichteinheit äußert sich als Aufsplitterung des Einen in Erscheinungen und in der Zeit. Doch, fügt Jaspers bei, das Tragische ist nicht im *Grunde* des Seins, und es ist ebensowenig in der Transzendenz. Das Tragische ist nur in der Erscheinung der Zeit.

Was der Philosoph hier allgemein formuliert, wird für unser Thema anschaulich und besonders relevant, sobald wir im christlichen Abendland und in östlichen Heilslehren Belege suchen, um uns auf diese beiden Beispiele zu beschränken.

Nach christlicher Auffassung existieren die Menschen schon immer in einem bestimmten heilsgeschichtlichen Gottesverhältnis, doch wird die Heils- und Erlösungsgeschichte gerade darum unentbehrlich, weil der Mensch grundsätzlich in einer *Unheilssituation* lebt. Die synoptischen Evangelien sehen nach D. Wiederkehr (1970) die (sündige) Entfremdung des Menschen von Gott im Verlust des wahren Gottesverhältnisses und der Entfremdung von Gottes Herrschaft. Mit der Verfehlung des Gottesverhältnisses existiert der Mensch auch in den Beziehungen zu den anderen Menschen und zur Welt nicht mehr in Ordnung. *Zur Gottesentfremdung tritt die Entfremdung von den andern und der Welt.* Der Begriff «Entfremdung» kommt im Neuen Testament nur selten vor, beispielsweise im Epheserbrief 4,17: Paulus beschwört hier die Christen, nicht so zu leben wie die Heiden; diese nämlich seien in ihrem Denken verfinstert und «dem Leben Gottes entfremdet». Der Gedanke an die radikale Entfremdung und Trennung von Gott ist neutestamentlich, in engem Anschluß an das Alte Testament. Für das christliche Verständnis ist die Sünde ein Mißbrauch der von Gott verliehenen Freiheit des Menschen. Die Rebellion und selbstgewählte Entfremdung führt den Menschen zum vollständigen Widerspruch gegen Gott und damit in das Unheil. Der «Mensch im Widerspruch» (E. Brunner) ist der Mensch, der nicht nur gegen Gott, sondern dadurch auch gegen sich selbst, gegen die anderen Menschen, ja gegenüber der ganzen Schöpfung im Widerspruch, also in der Entfremdung lebt. Auch gegen sich selbst? Auch Selbstentfremdung? Gewiß, sagt Brunner, die Rebellion oder Sünde des Menschen hat die ursprüngliche Gottesebenbildlichkeit des Menschen (1 Mose 1,27: «Gott schuf den Menschen ihm zum Bilde, zum Bilde Gottes schuf er ihn») und damit die Personeinheit zerstört. Das Wesen des Menschen ist «auf sich selbst zurückgebogen» (cor incurvatum in se, Luther) und kreist statt um Gott um das verlorene und darum sich selbst suchende Selbst.

Christlich gesehen, lebt der – sündige, unerlöste – Mensch in einem *Ich-Kerker,* und gerade darum ist er nicht nur Gott, sondern auch sich selbst und den anderen entfremdet. In diesem Kontext ist das biblische Gebot der Selbstverleugnung zu verstehen. Wir finden es im Markusevangelium (8,34 f.) und seinen Parallelen bei den andern Synoptikern: «Und er rief das Volk samt seinen Jüngern herbei und sprach zu ihnen: Wenn jemand mit mir gehen will, verleugne er sich selbst und nehme sein Kreuz auf sich und folge mir nach! Denn wer sein Leben retten will, der wird es verlieren; wer aber sein Leben verliert um meinetwillen (und um des Evangeliums willen), der wird es retten.»

Die Selbstliebe wird als die Haltung des natürlichen Menschen vorausgesetzt. Die Selbstliebe überwinden, sich selbst verleugnen – das ist offenbar der evangelische Rat oder, wie es Bultmann (1951) formuliert: Ausdruck des Gehorsams gegenüber Gott. Wer Jesus nachfolgen will, dessen Ich soll sterben. Aber dies ist nur das eine; das andere steht damit in unmittelbarem Zusammenhang: Zwar verliert der Mensch sein «natürliches Leben» (im griechischen Urtext steht für «Leben» das Wort «psyche», dessen Bedeutung zwischen «Leben», «Seele» und «sich selbst» schillert); aber gerade so rettet er es. Anders ausgedrückt: Die Selbstverleugnung, das Sterben des natürlichen Ich oder die *Erlösung vom Ich* öffnet das Tor für die Geburt eines völlig neuen Ich. Zuerst also die Preisgabe des Ich und dann seine Wiedergewinnung «in jenem Du als dem von Gott geschaffenen und angeredeten Selbst», dem vom Geiste Gottes lebenden Menschen (K. Barth 1951, S. 441). Schon der Kirchenvater Origenes erläuterte die christliche Selbstverleugnung mit dem berühmten Pauluswort «Ich lebe, aber nicht mehr ich, sondern Christus lebt in mir» (Gal 2,20).

Ähnlich und doch wieder anders als das Christentum sehen die östlichen Religionen und sogenannten Religionsphilosophien eine grundsätzliche Unheilssituation des Menschen. Auch wenn wir den Ausdruck «Philosophien» durch «Heilslehren» ersetzen, bleiben Möglichkeiten des Mißverständnisses; denn im Osten beruht alles, was mit dem Unheil, dem Heil und der Erlösung zusammenhängt, auf Erfahrung. Diese ist es, die zur Erfahrungsgewißheit und zur erhellenden Erlösung führen kann. Die Lehre stellt nach einem schönen Gleichnis Buddhas nur ein notwendiges Hilfsmittel für den Wanderer auf dem Pfade des Heils dar, «zum Entrinnen tauglich, nicht zum Festhalten».

Der Mensch befindet sich nach klassischer indischer Auffassung in einem unerlösten Zustand der «leidvollen Hemmung» (dukha). Er ist in seinem eigentlichen Wesen Atman, das man vielleicht am unverfänglichsten mit «Hauch des Brahman» wiedergibt. Der Mensch kann, etwa in tiefster Meditation, etwas unbeschreibbares «Inneres» erfahren, eine letzthinnige Wirklichkeit, die das persönliche, vergäng-

liche Ich weit transzendiert, etwas, das am Göttlichen («Brahman») unmittelbar Anteil hat, ohne mit diesem identisch zu sein. Boss (1959) hat darauf aufmerksam gemacht, daß jede Substantialisierung des «Atman», etwa als Selbst, mißverständlich ist (wenngleich dies höchstens für die Upanishadentexte und den Vedanta zutreffen dürfte!).
Der Mensch ist also seinem eigentlichen Wesen nach Atman, nur weiß er es nicht. Er leidet an Selbstentfremdung; denn wenn er sein eigentliches Wesen nicht erkennt und in leidvoller Gehemmtheit verharrt, ist er sich in einem radikalen Ausmaße entfremdet. Alle, die nicht «in Gott» leben und so ihr eigentliches Wesen als Atman erkennen, sind Unglückliche, Unerlöste. Sie leiden an einer schweren Krankheit, an *der* Krankheit des Menschen überhaupt, da sie gleichzeitig der absoluten Wirklichkeit entfremdet sind. Man spricht im Osten von einem unheilvollen Nichtwissen (Avidya) des Menschen.
Natürlich hat dieses Nichtwissen überhaupt nichts mit intellektuellem Unwissen zu tun. Im Gegenteil, manchmal macht es den Eindruck, je mehr Bücherwissen einer habe, um so unwissender (im östlichen Sinne) sei er, was das Eigentliche seiner Existenz betrifft. Wissend in diesem existentiellen Sinne wird einer durch die erlösende Erleuchtung, indem er nicht nur mit dem Kopf weiß, sondern tief emotional erfährt, wie es wirklich um ihn steht, und er den Weg zum ganzheitlichen Heil gefunden hat.
Das Wesen der Unwissenheit sehen die einzelnen Weisheitslehren Indiens darin, daß sich der Mensch mit seiner Individualität und vor allem dem persönlichen Ego identifiziert. Der Buddhismus lehrt, in Übereinstimmung mit der christlichen Auffassung, daß der Mensch nicht die richtige Beziehung zum Kosmos, zur Welt und ihren Dingen und zu sich selbst hat. Er neigt dazu, diese Beziehung zu verfälschen. Dies führt zu einer grundsätzlichen «Gebrochenheit» des Daseins. In buddhistischer Sicht erweist sich das irrege-

führte Leben als tragische Neigung des Ego, sich selbst als eine *absolute* Realität zu sehen, als *die* Mitte, um die alles andere kreist und der alles untergeordnet wird.

Das Unwissen (Avidya) gilt im Buddhismus wie im indischen Brahmanismus als Ursache des leidvollen menschlichen Unheilzustandes. Hier wie dort erhellt sich das Unwissen als fälschliche Identifizierung mit dem persönlichen Ego. Der Unterschied ist der folgende: In den Upanishaden und in der Bhagavadgita stürzt sich der Mensch in das Unheil, weil er sein eigentliches Wesen, seine «Zugehörigkeit zum Göttlichen» (Atman) nicht realisiert. Buddha dagegen schloß die zu seiner Lebzeit wild wuchernden Atman-Brahman-Spekulationen radikal aus; er leugnete die Existenz einer unvergänglichen, persönlichen Ich- oder Selbst-Substanz, aber nicht die Existenz einer höheren Wirklichkeit, die ja im Zustand der Erleuchtung erlebt werden kann. Er begnügte sich freilich mit der Erleuchtung und wollte von theologischen Spekulationen (Gibt es einen Gott? Wer, wie und wo ist Gott? und dergleichen) nichts wissen. Die buddhistische Nichtselbst-Lehre (Anatman) wendet sich gegen jeden abstrakten Begriff eines unvergänglichen und unveränderlichen individuellen Selbst, weil dieses für den gewöhnlichen Menschen nicht unterscheidbar ist von einem heimlich glorifizierten Ego.

Gerade durch diese radikale Überwindung der Ich-Illusion wird die Universalität und Ewigkeit des Menschen neu hergestellt, aber als etwas, das nicht gedacht, nicht gelehrt oder gelernt, auch nicht geglaubt werden kann, sondern sich nur persönlicher Erfahrung öffnen kann. Übereinstimmend führt aber der Weg vom Unheil zum Heil in den östlichen «Heilslehren» über die Selbstentäußerung, die ein Zenmeister in dem folgenden berühmten Vers zusammenfaßte:

«Stirb, während du lebst, und sei vollkommen tot.
Dann tu, was immer du willst, alles ist gut.»

Auch hier wieder: Erlösung *vom* «Ich-Selbst», basierend auf der tragischen narzißtischen Unheilssituation des Menschen.
Wir beginnen vielleicht zu realisieren, daß der Narziß in uns allen nach Erlösung schreit. Zunächst ist es das bei vielen Menschen unterdrückte oder gestörte «Ich-Selbst», das sich entwickeln möchte; damit ist die (oft nur mittels einer Therapie mögliche) Erlösung *zum* «Ich-Selbst» angesprochen. Sodann aber haben uns die Gedanken dieses Kapitels mit einer ganz anderen Situation konfrontiert: die Situation des grundsätzlichen Unheils unserer Existenz, das offenbar auf den narzißtischen Ich-Charakter zurückzuführen ist. Wir vernehmen erschüttert den Ruf nach völliger Erlösung des Narziß.
Zwischen der Erlösung *zum* «Ich-Selbst» und der Erlösung *vom* «Ich-Selbst» besteht somit ein gewaltiger Spannungsbogen (vgl. das letzte Kapitel «Das Ende des Narziß»).

**Die Erlösung des Narziß
oder der Weg zum Ich-Selbst**

Ich, Selbst, Ich-Selbst

Der narzißtisch gestörte Mensch ist auf tragische Weise in sich eingesperrt und findet keinen Ausweg aus seinem Kerker. Er ist auf der dauernden Suche nach seinem Ich-Selbst, das er weder kennt noch wahrnimmt. Er fühlt eine entsetzliche innere Leere und kann ein labiles Selbstwertgleichgewicht nur kompensatorisch, zum Beispiel durch die grandiose Pose, erlangen. Nun hat man in den letzten Jahren gelernt, daß selbst schwerer narzißtisch gestörte Personen der Psychotherapie zugänglich und damit potentiell heilbar sind. Lange haben sich die Psychotherapeuten und Analytiker der Meinung Freuds angeschlossen, wonach eine analytische Therapie bei (pathologischem) sekundärem Narzißmus nutzlos sei, denn es komme keine Übertragungssituation zustande. Kohut hat aber gezeigt und beschrieben, daß sich während der Analyse von Menschen mit narzißtischer Persönlichkeitsstörung typische Übertragungen entwickeln können, woraus sich ganz neue Behandlungs- und Heilungsmöglichkeiten ergeben. Kohuts bisher letztes Buch trägt denn auch den verheißungsvollen Titel «Die Heilung des Selbst».
So wäre es denn möglich, daß die Wunden von all den andauernden, entsetzlichen narzißtischen Frustrationen und Kränkungen einigermaßen verheilen könnten? Zwar nicht narbenfrei, wohl aber doch so, daß der narzißtisch gestörte Mensch eine Befreiung aus seinem Kerker erlebte – er könnte sich allmählich selbst wahrnehmen, seine wahren Bedürfnisse und Gefühle, seinen wirklichen Selbstwert entdecken, zu anderen Menschen viel freiere Beziehungen entwickeln?

Das kranke Ich-Selbst des narzißtisch gestörten Menschen würde weichen und der Weg zum gesunden Ich-Selbst frei werden. Seit Winnicott (1965, 1974) spricht man häufig auch von einem «wahren» anstelle des bisherigen «falschen» Selbst. Wichtig ist, daß jedenfalls Narziß, der tragisch Kranke, erlöst wird. Kohut nennt diese Erlösung «Heilung des Selbst» und geht von der Vorstellung aus, daß unter günstigen Voraussetzungen (von denen wir im ersten Kapitel gesprochen haben) sich der kindliche Narzißmus von ursprünglich ganz archaischen Formen zu immer reiferen entwickle. Sind aber die Entwicklungsbedingungen in der frühen Kindheit und auch später ungünstig, hat der Erwachsene mit narzißtischer Persönlichkeitsstörung zumindest mit Hilfe eines Psychotherapeuten reale Chancen, auf dem Weg zur Heilung des Selbst wichtige Schritte zu lernen. Die Bruchstücke oder Fragmente des Selbst können sich dann allmählich über noch infantile Stadien zu einem gefestigten, stabilen Selbst entwickeln.

Vorerst möchte ich aber noch auf eine mehr theoretische, allerdings gleichwohl wichtige Frage eingehen: Was haben wir uns eigentlich unter dem *«Selbst»* vorzustellen? Nötig ist der Versuch einer Klärung schon deshalb, weil heute noch in vielen psychotherapeutischen und vor allem psychoanalytischen Kreisen eine Verwirrung um den Begriff «Selbst» herrscht. Einzig in der analytischen Psychologie C.G.Jungs gilt das «Selbst» als etwas Grundlegendes und gut Definiertes; ich komme darauf später zurück.

Das *Ich* ist bei Freud nicht, wie später bei Jung, ein ausschließliches Bewußtseinszentrum, sondern «bewußtseinsfähig» oder «vorbewußt». Es gibt demnach fließende Übergänge zwischen dem unbewußten Triebpol der Persönlichkeit, dem *Es,* und dem Ich. Unbewußte Vorgänge im Es können auf das Niveau des Vorbewußten gehoben und dem Ich einverleibt werden – dies entspricht der berühmten Freudschen Forderung: Wo Es ist, muß (in der psychoanalytischen Kur) Ich werden. Anderseits können gewisse psychische Eindrücke und Vorgänge im Ich durch einen Abwehrprozeß ausgeschlossen werden, das heißt, sie werden in das Es verdrängt. Das Ich ist aber auch Mittler zwischen den Ansprüchen des Es und den Forderungen der Realität sowie den Befehlen einer dritten psychischen Instanz, dem *Über-Ich*. Dieses repräsentiert moralisch-ethische Gebote, Verbote und Wertungen und tritt als Gewissen und als Idealbildung in Funktion. Das Über-Ich entsteht vor allem durch Verinnerlichung des Vorbildes der Eltern.

Die Ich-Funktionen entsprechen diesem Konzept. Das Ich übt die Triebkontrolle aus. Es ist als Repräsentant der Realität dazu bestimmt, eine progressive Beherrschung der Triebe zu sichern. Freud hat einmal den Unterschied zwischen Ich und Es mit demjenigen zwischen Vernunft und Leidenschaft verglichen. Das Ich steht also ganz im Zentrum der Triebtheorie Freuds und seiner Nachfolger. Es ist die Instanz, welche die Triebe kontrolliert und beherrscht und verfügt über zahlreiche Abwehrtechniken, um Triebansprüchen Widerstand zu bieten bzw. sie abzuspalten oder in das Unbewußte zu verdrängen – Vorgänge, die selbst auch wieder unbewußt ablaufen. Das Ich ist außerdem bei Freud eine seelische Instanz, die äußere und innere Vorgänge und vor allem solche, die von der Welt der zwischenmenschlichen Beziehungen ausgehen, wahrnimmt, ordnet und organisiert.

Die moderne Ich-Psychologie, die sich auch psychoanalytische Entwicklungspsychologie nennt, geht zwar von Freuds theoretischem Werk aus, zeigt dann aber doch theoretische, diagnostische und therapeutische Abweichungen von Gewicht. Uns interessiert die Ich-Psychologie insofern, als in ihr der Begriff «Selbst» Inhalt und Gestalt gewinnt, während er sich bei Freud nur vereinzelt in widersprüchlicher Form findet. 1950 führte H. Hartmann den Begriff «Selbst» in die Psychoanalyse bzw. Ich-Psychologie ein (1972,

S. 132). Das neue Konzept, später ergänzt von E. Jacobson (1973), läßt sich wie folgt zusammenfassen: Das Selbst bedeutet die Gesamtheit der leibseelischen Persönlichkeit, in Abgrenzung zu der Welt der Objekte, welche die Person umgibt. Selbst und Person sind Synonyma, wobei ein wenig klarer Ausdruck freilich nur durch einen nicht viel klareren ersetzt wird. Kohut hat in seinem früheren Konzept (1971, 1973) einen Brückenschlag zwischen klassischer Instanzenlehre und dem neuen Begriff des Selbst versucht. Danach ist das Selbst ein Inhalt des psychischen Apparates, aber nicht einer seiner Bausteine, also keine Instanz. Das Selbst ist aus den drei psychischen Instanzen Ich, Es und Über-Ich zusammengesetzt und bildet deren zentralen Inhalt:

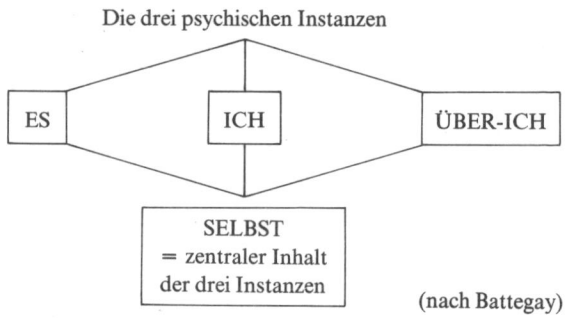

(nach Battegay)

Worin liegt die Bedeutung dieses neueingeführten Selbst-Begriffes? Die psychoanalytische Neurosenlehre basiert auf der Triebpsychologie Freuds. Konflikte sind Auseinandersetzungen zwischen den (sexuellen) Trieben und der Gesellschaft bzw. der Realität (Realitätsprinzip); insbesondere gilt der ungelöste, verdrängte, ödipale Konflikt als Schwerpunkt der Neurosen. Dieses Konzept war zu Lebzeiten Freuds revolutionär; jedenfalls entsprach es den damals weitverbreiteten verdrängten sexuellen Triebkonflikten und fügte sich gut in das materialistisch-mechanistische Weltbild Freuds ein. Heute stehen nicht mehr (sexuelle) Triebkonflikte im Vordergrund des Interesses, sondern narzißtische Konflikte. Jeder Therapeut, der einmal für diese sensibilisiert und darüber hinaus ein offener Geist ist, also nicht eingekapselt in die wohltuend-schützende, aber auch verschließende Welt einer allmächtigen Theorie, erlebt, daß ein großer Teil seiner Patienten narzißtisch gestört ist. Der seelisch kranke Mensch litt zu Freuds Zeiten in erster Linie an (sexuellen) Triebkonflikten; heute offenbart sich neurotisches Leiden vor allem als narzißtische Persönlichkeitsstörung, als Strukturdefekt des Selbst. Gewiß existieren Triebkonflikte (sexuelle in der Sicht der Psychoanalyse Freuds, solche des Macht- und Geltungstriebes in der Sicht der Individualpsychologie Adlers) auch heute noch. Aber sie spielen nicht mehr die eindeutig führende Rolle; das «leere», «kranke», «defekte» oder «falsche» Selbst ist an ihre Stelle getreten. Nur mit Hilfe einer *Selbst-Psychologie,* die den Schwerpunkt auf Strukturdefekte (bzw. Entwicklungsstörungen) des Selbst legt, konnte es gelingen, das Wesen der frühkindlichen narzißtischen Frustrationen und Kränkungen und damit der narzißtischen Persönlichkeitsstörung zu verstehen; erst auf diese Weise zeigten sich gute Chancen für eine tiefer ansetzende Therapie und Heilung.

Kohut hat später (1977, 1979) seine Konzeption des Selbst erweitert. Das Selbst wird für ihn noch mehr als die spezifische Struktur des psychischen Apparates («Selbst im engeren Sinne»); es wird zum Zentrum des psychischen Universums. Aus dem Selbst bezieht der Mensch das Gefühl für seine Einmaligkeit und sein Sich-selbst-gleich-Sein in aller Wandlung. Die Struktur des Selbst bildet die Grundlage für das Gefühl, ein unabhängiger Mittelpunkt von Antrieb und Wahrnehmung zu sein, aber auch für ein Gefühl, das in unsere zentralsten Strebungen und Ideale sowie in unsere Erfahrung integriert ist. Die Triebe werden dem sich formenden Selbst unterstellt, und das Selbst als Ganzheit ist viel mehr als die Summe der Triebe. In der Genese der Neurose sind nicht mehr Triebanspruch und Triebfixation sowie die entsprechende Abwehr das Primäre. Primär ist nun die Störung der Selbstwerdung.

Kritiker wie der Psychoanalytiker Thomae (1980), aber auch geistig offene Analytiker anderer Provenienz wie der Jungianer M. Jacoby (1981) haben das Revolutionäre, ja die Kopernikanische Wende von Kohuts neuem Konzept erkannt: Hier wird der Rahmen der psychoanalytischen Triebtheorie und Instanzenlehre weit gesprengt! Kohut weist nach, wie sich im Laufe der Entwicklung ebenso wie im psychoanalytischen Heilungsprozeß – im Sinne einer Nachreifung – das Selbst des Menschen festigt und seine reife Form gewinnt. Begabungen und Fertigkeiten prägen sich aus, während andere Aspekte des (archaischen) Selbst zurückweichen. Kohut weigert sich, das Selbst in theoretisch exakter Weise zu definieren. Er meint, das Selbst sei – wie alle Realität – in seiner Essenz nicht erkennbar. Das Selbst ist damit ein Wort für letztlich Unbegreifliches. Er hebt sich damit wohltuend von jenen (tiefen-)psychologischen Wissenschaftlern ab, die glauben, alles sei begreifbar und mit Begriffen könne man alles in den Griff bekommen.

Es ist verständlich, wenn Psychoanalytiker wie Thomae (1980) Kohut die Aufspaltung ihrer «heiligen Kuh», der Triebtheorie, vorwerfen, aber auch «definitorische Schwierigkeiten der Abgrenzung von Ich und Selbst» (Fetscher 1981). Nun scheint mir aber, daß das Ich in der psychoanalytischen Instanzenlehre schon immer ein theoretisches Konstrukt war, das vor allem durch seine Funktionen definiert ist; eine lebendige, wirklich vorstellbare psychische Wesenheit ist dieses Ich nicht. Ebensowenig befriedigt mich der Vorschlag Fetschers, das Ich als Organ des Selbst zu definieren, demnach als Teilbereich des Umfassenden und Ganzheitlichen. Wohl verdeutlichen solche Versuche einmal mehr, wie untauglich gerade zum Verständnis narzißtischer Persönlichkeitsstörungen das Instanzenmodell geworden ist. Aber was wird wirklich gewonnen, wenn man in den neuen (und im Grunde eben *nicht* exakt definierbaren) Begriff «Selbst» ein Ich einbaut, das neuerdings nur eine theoretische Konstruktion bleibt (das Ich ist das Organ der Wahrnehmung; als Organ des Selbst hilft es dem Selbst, sich wahrzunehmen)? Fetscher selbst schreibt, daß sich die Trennung von Selbst und Ich als willkürlich erweisen kann; das Ich kann als ein Teil des Selbst zum Selbst werden.

Ich schlage daher vor, wir sollten konsequenterweise nur noch von einem *Ich-Selbst* sprechen und auf eine künstliche Abgrenzung zwischen Ich und Selbst verzichten. Ein solches Ich-Selbst hat Teilfunktionen (z.B. Eigenwahrnehmung, Fremdwahrnehmung, Ordnung und Organisation der Wahrnehmungen, Denken), vermittelt Ich-Gefühl, das Gefühl der Kontinuität trotz aller Wandlung, und wird als das Ganze der leibseelischen Persönlichkeit, als das Zentrum unserer Erfahrungen, Strebungen und Ideale erlebt. Um die Befreiung oder «Erlösung» unseres Ich-Selbst geht es doch in der Psychotherapie aller Gruppierungen letztlich, unabhängig von der vorherrschenden Theorie.

Die Reifung des Ich-Selbst

Zwischen dem, was Kohut zunächst als «Reifung des Narzißmus» beschreibt und dem, was er später «Strukturierung», «Konsolidierung», «Heilwerdung» bzw. «Reifung des Selbst» nennt, besteht prinzipiell kein Unterschied. Kohut vermag die Reifungsschritte des Selbst *innerhalb der Therapie* an zahlreichen Beispielen zu veranschaulichen. Schließlich hat er, wie er eigens betont, die von ihm beschriebenen Befunde bei narzißtischen Persönlichkeitsstörungen Hunderte von Malen beobachtet, und er ist davon überzeugt, daß diese von jedem geschulten, aufgeschlossenen und empathischen Beobachter überprüft werden können. So drängt sich zumindest für ihn die Hypothese geradezu auf, daß es sich bei den klinisch beobachteten Vorgängen um eine umgekehrte Wiederholung progressiver Entwicklungen in der frühen Kindheit handelt. Eine Hypothese ist freilich noch keine bewiesene Tatsache.

In der Tat, es erscheint schwierig, über Vermutungen oder bestenfalls Hypothesen hinaus etwas über die Reifung des Ich-Selbst zu äußern. Zahlreiche Psychoanalytiker sind davon überzeugt, daß ihre in der analytischen Situation gewonnenen klinischen Beobachtungen eine Rekonstruktion der Vergangenheit zulassen; es gehört ja seit den Anfängen zu den (an sich fruchtbaren) Thesen der Psychoanalyse, daß die möglichst objektive klinische Beobachtung mit der Zeit Entwicklungsthesen ermöglicht, die schließlich als bewiesen gelten dürfen. Hier meldet sich zunehmend Zweifel an, und zwar nicht nur aus «feindlichen» Positionen; man kann mit vollem Recht die «Objektivität» und «Wissenschaftlichkeit» *jeder* psychotherapeutischen Schule und Gruppierung in Frage stellen! Zweifel meldet sich auch deswegen, weil prinzipiell die Gefahr der (vielleicht unendlich sanften) Manipulation des Patienten nie völlig ausgeschlossen werden kann. Wer von «seiner» Theorie bzw. von der Theorie «seiner» Zunft, der er angehört, ganz überzeugt ist, hat es schwer, diese Überzeugung nicht in irgendeiner Form auf den Patienten einwirken zu lassen. Der Patient ist aber oft ein beeinflußbarer, einfühlsamer oder gelehriger Partner; er merkt bald, was der Analytiker am liebsten hört, welche Deutungen er schätzt, wie er am raschesten die Anerkennung gewinnt. Ich kenne einen Patienten, dessen früherer Psychoanalytiker nach klassischem Schema F nur das Umfeld des ödipalen Konfliktes zuließ und die Neurose des Patienten mit einer verkappten Homosexualität erklärte. Jeden anderen Deutungsversuch oder Hinweis des Patienten lehnte er als Abwehr bzw. Widerstand des Patienten ab und erkannte darin einen weiteren Beweis für die Richtigkeit seiner Theorie. Der verzweifelte Patient brachte schließlich Traummaterial von Kollegen und konnte beobachten, wie der Psychoanalytiker auch darin Beweisstücke für die bisherige Deutung der Neurose des Patienten fand.

Der Schwarzweiß-Kontrast dieses Beispiels entspricht glücklicherweise nicht der durchschnittlichen Realität; der Kontrast möchte nur für das bestehende schwere Problem sensibilisieren. Denn kein Therapeut ist einfach davor gefeit, Patienten zu manipulieren; oft tut er dies mit besten Absichten (als «Heiler», «Retter», der als solcher «die erste Geige spielt» – im Gegensatz zum viel bescheideneren «Begleiter», der eben konsequent die «zweite Geige» spielt!) oder fast unmerklich, so daß ihm selbst ohne scharfe Analyse der Gegenübertragung die Manipulation gar nicht bewußt wird.

Am ehesten Aufschluß über die tatsächliche Entwicklung im (Früh-)Kindesalter und damit auch über die Entwicklung eines Ich-Selbst vermögen langjährige, immer neu angelegte Beobachtungen des kindlichen Verhaltens zu liefern. Es genügt aber nicht, wenn der Beobachter Versuchsanlagen konstruiert und beobachtet. Einerseits ist das Bemühen um eine objektive Haltung nötig, oder ich sage vielleicht besser, das nach Möglichkeit völlige Fehlen von Vorurteilen. Der Beobachter darf nicht unbewiesene subjektive Urteile, Vorstellungen oder Hypothesen in die Beobachtungssituation hineinschmuggeln. Er sollte voraussetzungsfrei beobachten, weder der Vergangenheit noch der Zukunft verpflichtet, weder von Bisherigem noch von allfällig Neuem belastet, sondern ganz dem Augenblick gehörend. Anderseits ist es nicht nur möglich, daß der Beobachter seine Subjektivität in die jeweiligen «Augenblicke» der Beobachtung mit hineinnimmt, sondern es ist sogar geboten. Die Subjektivität des Beobachters ausschalten zu wollen, gilt bekanntlich sogar in der modernen Physik als unmöglich. In der psychologischen Beobachtung – sei es bei der Verhaltensbeobachtung von Kindern oder sei es in der therapeutischen Sprechstunde – ist unter «Hineinnehmen der Subjektivität» jedenfalls die Empathie, die Einfühlung, gemeint, mit der der Beobachter in die Gefühls- und Erlebenswelt des Beobachteten einzutauchen versucht.

Reifungsschritte des Ich-Selbst in der Kindheit

Ich glaube, daß die Lebensarbeit von M. Mahler und ihren Mitarbeitern die beiden Voraussetzungen der Vorurteilsfreiheit und Empathie in hohem Grade erfüllen. Das auf diese Weise gewonnene Beobachtungsmaterial vermag in mancher Hinsicht die Hypothese Kohuts über die Reifung des Ich-Selbst im Kindesalter zu stützen.
Danach müssen wir von einem «Primärzustand» ausgehen. Dieser dürfte das Stadium der Symbiose sein, das ja bereits

im zweiten Lebensmonat nach einer kurzen autistischen Phase einsetzt. Die inneren Empfindungen des Säuglings, der sich in der symbiotischen Einheit geborgen fühlt, bilden nach Frau Mahler den «Kern des Selbst» und den Kristallisationspunkt des sogenannten Selbstgefühls. Wir haben erfahren, wie unter solchen optimalen Voraussetzungen, das heißt der optimalen Befriedigung der frühkindlichen narzißtischen Bedürfnisse, das Kind allmählich aus der Symbiose ausschlüpft in die eigentliche psychische Geburt.
Was geschieht nun aber mit dem «Kern des Selbst»? Man geht wohl in der Vermutung kaum fehl, daß die nächste Entwicklungsstufe des Ich-Selbst zwar bereits einen höheren Reifegrad aufweist als das Primärstadium, anderseits, dem Kleinkind- und Vorschulkind-Stadium entsprechend, noch infantil ist und einen Ersatz für den verlassenen Primärzustand darstellt. Gewiß kann die Symbiosephase beim Kind Gefühle der Ohnmacht, der Verlassenheit, der Isolation verursachen, und leider mag dies sogar häufiger der Fall sein als das Gegenteil. Aber das zeigt nur, wie unwahrscheinlich häufig narzißtische Frustrationen in der frühen Kindheit sind. Eine optimale Symbiose dagegen, wie wir sie beschrieben haben, vermittelt Gefühle der Einheit, der Geborgenheit, des Urvertrauens, der Anerkennung; in der bergenden Zwei-Einheit mag sich das Kind sogar allmächtig fühlen (Beobachtungen an Kleinkindern bestätigen dies). So wird verständlich, daß Kohut von einer Stufe des *Größen-Selbst* spricht (siehe Schema S. 55). Sie kann erlebnishaft umschrieben werden durch die Aussage: «Ich bin vollkommen.» Vollkommenheit und Macht werden in der kindlichen Phantasie in das eigene Ich-Selbst verlegt, als Kompensation zur verlassenen Symbiose. Schwere Konflikte mit der Realität, die das Kind oftmals die eigene Ohnmacht verspüren läßt, werden nicht ausbleiben, aber zur weiteren Reifung beitragen, sofern sie nicht die seelischen Kräfte des Kindes überfordern.

In einer späteren Reifungsphase wird das Größen-Selbst nicht mehr auf die bisherige archaische Weise phantasiert und agiert, sondern verinnerlicht zum *Ideal-Selbst:* Es handelt sich dann um ein ideales und mit der Realität oft kontrastierendes Bild von sich selbst, das irgendwo doch dem Bild eigener Allmacht und Vollkommenheit entspricht. Vielleicht entspricht dies einem kleinen Privatwahn, im Grunde doch vollkommen zu sein, den wir als Puffer zur Realität brauchen und ohne den wir kaum leben könnten (Henseler 1974). Wohl jeder Mensch bemerkt bei sich, wenn er nur tief genug in sich zu schauen vermag, Reste infantiler Größenphantasien, und manchen ist es durch Beruf, eigene Brillanz oder gesellschaftliche Situation sogar vergönnt, die eigene Grandiosität im Erwachsenenalltag immer wieder einmal zu leben.

Kohut spricht aber noch von einem andern Kompensationsmechanismus für den entschwundenen Symbiose-Zustand: *die Stufe des idealisierten Objektes* (Schema S. 55). Geht es beim Größen-Selbst um das narzißtische Verlangen nach Zuwendung, Anerkennung und Bewunderung bzw. um ein Erleben von Vollkommenheit und Allmacht, handelt es sich hier darum, daß beide Elternteile als allmächtig idealisiert werden, mit dem narzißtischen Bedürfnis nach Verschmelzung. Diese Position kann erlebnishaft wie folgt umschrieben werden: «Du bist vollkommen, aber ich bin ein Teil von dir.»

Beide Positionen sind gleich wichtig und unentbehrlich für eine gesunde Entwicklung des Ich-Selbst, und die Verweigerung der narzißtischen Bedürfnisse während dieser Phase (mangelnde Zuwendung, ungenügende Anerkennung, Verachtung und Demütigung statt Bewunderung; Verweigerung der Idealisierung bzw. des Verschmelzungswunsches mit dem idealen Objekt) hat oft tragische Folgen, die den Folgen einer ungenügenden Symbiose kaum nachstehen.

Auch die Position des idealisierten Objektes wird bei ungestörter Entwicklung überwunden und verinnerlicht; das Kind sucht nicht mehr in erster Linie ein Objekt (zunächst einen oder beide Elternteile, dann auch Lehrer, Verwandte, Nachbarn, größere Kinder usw.), das es idealisiert und mit dem es sich identifiziert, sondern es *erlebt* (freilich nicht ohne Schmerzen des Erkennens) *die Begrenztheit, die Relativität der idealisierten Personen;* es entwickelt stattdessen Ideale, *eigene Ideale,* von denen es inneren Führern gleich angetrieben wird.

Gleich den Größenphantasien können auch recht archaische Idealisierungs- und Fusionswünsche weit in die Erwachsenenzeit nachwirken. Besonders bei Jugendlichen beobachten wir die vielfältigsten Phänomene, die eines gemeinsam haben: ein starkes Bedürfnis, einen Gruppenleader oder einfach eine Gruppe zu idealisieren und mit ihr zu verschmelzen. Das gesamte Kollektiv wird als zu einem gehörend erlebt; es gibt keine Trennung; die Beteiligten empfinden, daß es «ihre» Gruppe ist, und sie blicken verächtlich auf alle jene, die nicht zur Gruppe gehören. Besonders gut können sich archaisch-narzißtische Idealisierungen und Fusionsphantasien in religiös-sektiererischen Gruppen entfalten, denen eine unbestrittene Führerpersönlichkeit vorsteht. Die Geschichte einer entsprechenden Subkultur ist gerade in den letzten Jahren sehr reich an Beispielen. Ich erinnere an all die verschiedenen Jugendreligionen mit ihren Gurus bzw. Pseudo-Gurus.

Die Reifung des Ich-Selbst in der Kindheit besteht offenbar in der Aufgabe archaischer Phasen, zunächst des Symbiose-Stadiums, dann der beiden Positionen «Größen-Selbst» und «idealisiertes Objekt». Der Weg führt zu einer zunehmenden Verinnerlichung und Realitätsanpassung. Deswegen werden jedoch die idealisierenden Vorstellungen weder als Ideal-Selbst noch als Ideale aufgegeben; das reifende Ich-Selbst hat, in der Terminologie Kohuts, sowohl einen Pol, der Anerkennung und Bewunderung anstrebt und die ehrgeizig-antreibende Kraft bildet, als auch einen Pol mit sinnvollen Zielvorstellungen und Idealen. Zwischen beiden Polen bildet sich ein Spannungsbogen, der von Begabungen und Fertigkeiten reguliert wird. Dies bedeutet, daß auch der erwachsene Mensch mit seinem gereiften Ich-Selbst ein gewisses Ausmaß an Anerkennung und Bewunderung benötigt, daß er nicht ohne als sinnvoll erlebte innere Antriebe und Ideale leben kann, daß er völlig legitime Wünsche nach Verschmelzung mit kleineren und größeren Gruppierungen hat.

Nachreifung des Ich-Selbst und Psychotherapie

Das Ich-Selbst eines Patienten, der an einer narzißtischen Persönlichkeitsstörung leidet, ist inkohärent, labil, schwach, unterentwickelt. Man kann von einem «falschen» oder auch einem «kranken» Ich-Selbst sprechen. Es liegt, wie ich schon auf S. 54 sagte, nach dem Konzept Kohuts eine Regression bzw. Fixation auf archaische Positionen vor, von denen im letzten Kapitel die Rede war; mißlingt eine derartige Kompensation («Grandiosität»), leidet der Patient oft an längeren und schweren Depressionen, oder er schwankt zwischen Grandiosität und Depression hin und her.
Ist man von der Entwicklung des Narzißmus oder, wie wir heute besser sagen, des Ich-Selbst überzeugt, gilt dasselbe auch für die Entwicklungsstörung, das kranke Ich-Selbst. Wie ich schon in der Einleitung zum zweiten Teil (Seiten 77 bis 83) schrieb, hat Kohut als erster mit Nachdruck gezeigt, daß bei narzißtischen Persönlichkeitsstörungen eine erfolgreiche Therapie und damit eine «Heilung des Selbst» möglich ist; inzwischen konnte und kann dies von vielen Therapeuten bestätigt werden. Mit anderen Worten: Es ist möglich, daß das Ich-Selbst im therapeutischen Prozeß nachreifen kann. Ob dasselbe auch außerhalb einer intensiven Psychotherapie möglich ist, möchte ich jedenfalls bei deutlichen narzißtischen Persönlichkeitsstörungen bezweifeln.

Selbstbeobachtung und Einfühlung

Bei der Selbstbeobachtung (Introspektion) lenkt der Beobachter die Aufmerksamkeit auf sein innerpsychisches Geschehen. Zumindest in der Psychoanalyse, ja in der Tiefenpsychologie überhaupt, bildet die Selbstbeobachtung einen unentbehrlichen Grundpfeiler. Breuer und Freud setzten sich in bahnbrechender Weise ganz für die wissenschaftliche Verwendung der Selbstbeobachtung ein. In seiner 1900 erstmals erschienenen «Traumdeutung» erwähnt Freud ausdrücklich die Selbstbeobachtung des Analysanden als wesentlichen Faktor der Analyse: Der Patient soll sich mit gesteigerter Aufmerksamkeit seinen psychischen Wahrnehmungen zuwenden unter möglichster Ausschaltung der Kritik; er soll alles, was ihm einfällt, mitteilen, ganz unabhängig davon, ob er den Einfall für wichtig oder unwichtig hält, ob er ihn gerne mitteilt oder ihn lieber unterdrücken möchte (analytische Grundregel).

Nun, was entspricht der Selbstbeobachtung bzw. deren aufrichtigen Mitteilung von seiten des Analysanden beim Analytiker? Freud hat bekanntlich das kognitive Korrelat der analytischen Situation die «gleichschwebende Aufmerksamkeit» des Analytikers genannt. Wichtig ist hier insbesondere seine 1912 veröffentlichte Schrift «Ratschläge für den Arzt bei der psychoanalytischen Behandlung». Gleichschwebende Aufmerksamkeit heißt, daß sich der Analytiker alles, was der Analysand sagt, gleichmäßig merken soll, ohne sich für das eine Material besonders zu interessieren, für anderes weniger. Er soll nur zuhören und sich nicht darum kümmern, ob und was in seinem Gedächtnis haftenbleibt. Freud führt schließlich jenen berühmten Vergleich mit dem Chirurgen an: Wie der Chirurg für das eine Ziel, die Operation so kunstgerecht als möglich zu vollziehen, bei seiner Tätigkeit alle seine Affekte und selbst sein menschliches Mitleid beiseite schieben muß, gilt ähnliches auch für

den Analytiker: Es ist von ihm geradezu eine Gefühlskälte zu fordern, damit in der Analyse eine optimale Hilfeleistung möglich wird.
Freud selbst hat sich, wie zuverlässige Zeugen übereinstimmend berichten, nicht an seine Empfehlung der Gemütskälte und des Chirurgenabstandes gehalten. Aber diese Empfehlung hat das Verhalten von ein bis zwei Generationen Psychoanalytikern tief geprägt. Freilich hat schon seit geraumer Zeit eine Wende eingesetzt. Es spricht nämlich alles dafür, daß die menschliche Engagiertheit des Analytikers und seine emotionale Wärme erst die Atmosphäre schaffen, die heilend wirkt. Die «gleichschwebende Aufmerksamkeit» darf nicht mit einer völlig distanzierten, emotionsfreien und gefühlskalten Haltung des Analytikers verwechselt werden. Es ist schwer vorstellbar, daß in einer derart sterilen Situation – Balint hat von einem «luftleeren Raum» gesprochen – etwas Fruchtbares entstehen könnte. Wie Freud sagt, soll sich der Analytiker vorurteilsfrei und mit möglichst derselben Aufmerksamkeit bzw. Konzentration dem jeweils vorgebrachten Material des Analysanden zuwenden. Aber diese Aufmerksamkeit muß getragen sein von tiefem Engagement, und das Zuhören soll voll menschlicher Wärme sein, ohne die der Analysand auf die Dauer nicht überleben kann.
Natürlich spreche ich hier von einem Ideal. Der jederzeit empathische und jederzeit tief engagierte Analytiker ist nie Realität und kann es nie sein. Empathie, deutsch mit «Einfühlung» vielleicht nicht ganz hinreichend übersetzt, bedeutet, daß der Therapeut in das innere Leben des Patienten eintaucht und sich so vorübergehend (!) mit dem Analysanden identifiziert. Empathie wird zur Resonanz mit dem Analysanden. Die empathische Resonanz mit dem Patienten ist weit mehr als bloßer Widerhall, Echo oder Spiegelung. Im engagierten Zuhören schwingt eben die eigene Persönlichkeit emotional mit. Mit anderen Worten: Die

menschliche Beziehung kommt ins Spiel, und sie ist meines Erachtens der entscheidende therapeutische Faktor. Aufgabe des Analytikers ist es sodann, Selbstbeobachtung in seine Resonanz (und natürlich auch in seine Gegenübertragung) zu üben.

Getragen von der mitmenschlichen Wärme und der Empathie des Therapeuten, fühlt sich der Patient geborgen; er gewinnt allmählich Vertrauen; er wagt mit der Zeit, seine spontanen Einfälle, auch wenn sie ihm peinlich sind, zu äußern, weil er, vielleicht zum erstenmal in seinem Leben, auf echtes Verständnis und Zuhören stößt, weil er sich auf den Therapeuten (und dessen Diskretion) verlassen kann, weil er weiß, daß nichts, was er sagt, verurteilt wird, daß er sich nicht zu schämen braucht, daß er als Mensch voll akzeptiert wird. Wir können insgesamt für die Praxis zusammenfassen:

1. Das empathisch-introspektive Eintauchen in das psychische Leben anderer soll das Alpha und Omega jedes Analytikers, ja jedes Psychotherapeuten sein.

2. Dies bedeutet, daß in jeder analytisch-therapeutischen Situation der Analytiker zunächst nur zuhören, beobachten und mitfühlen soll. Der Patient muß sich erst einmal verstanden fühlen. Erst danach kommt das Deuten und Rekonstruieren des Therapeuten, aber getragen von derselben Empathie. Es wäre sehr wünschenswert, wenn etliche Therapeuten mit ihren Deutungen, Amplifikationen (Jungianer) usw. etwas zurückhaltender wären.

3. Der Analytiker soll die Rolle eines Erziehers, Seelenretters, Propheten oder «Heilands» aufgeben. Er soll sich auf die wesentlich bescheidenere Rolle des «Begleiters» beschränken, der zwar notwendig ist für den therapeutischen Prozeß, aber eben nur die zweite Geige spielt. Der Patient muß den analytischen Prozeß durchlaufen; dies kann ihm niemand abnehmen. Es ist ähnlich wie mit dem Geburtshelfer; gebären muß die Mutter.

4. Die analytische Situation läßt sich schematisch wie folgt umschreiben:
Analysand: Selbstbeobachtung
Aufrichtiges Mitteilen der freien Einfälle
Analytiker: Empathisches Eintauchen in den Analysanden
Introspektion in die Resonanz mit diesem (dazu: Introspektion in die eigene Gegenübertragung)

Übertragung

Der Begriff «Übertragung» ist heute wohl Allgemeingut geworden. Dies heißt freilich nicht, daß jedermann eine exakte Definition geben könnte. Freud hat den Begriff erstmals in seiner «Traumdeutung» (1900) eingeführt und ihn besonders präzise in seiner 1905 erschienenen Arbeit «Bruchstücke einer Hysterie-Analyse» formuliert: «Was sind Übertragungen? Es sind Neuauflagen, Nachbildungen von den Regungen und Phantasien, die während des Vordringens der Analyse erweckt und bewußt gemacht werden sollen, mit einer für die Gattung charakteristischen Ersetzung einer früheren Person durch die Person des Arztes. Um es anders zu sagen: eine ganze Reihe früherer psychischer Erlebnisse wird nicht als vergangen, sondern als aktuelle Beziehung zur Person des Arztes wieder lebendig.»
Es bleibt bloß hinzuzufügen, daß für die «Person des Arztes» auch «eine Kontaktperson» stehen kann. Freud wurde also gewahr, daß der Liebeshunger oder der Haß des neurotischen Patienten gar nicht ihm als ärztlicher Person gelten, sondern Gefühle sind, die eigentlich den früh-kindlichen Bezugspersonen gelten. Eigentlich handelt es sich somit bei der Übertragung um eine Art Mißverständnis, das sich besonders gerne – aber gewiß nicht ausschließlich – in der

analytischen Situation einstellt. Väter und Mütter, Geschwister und Lehrer werden in der Gegenwart als «gute» Wunschbilder, Ideale usw. wieder erlebt; in der analytischen Situation freilich häufiger noch als «böse», unzuverlässige, fordernde, befehlende, autoritäre, gefühlskalte, verachtende, abweisende, mißbrauchende Introjekte. Diese Wiederholung ereignet sich mit dem besonderen Gefühl der Aktualität. Man hat es auch schon so formuliert: Jede Übertragung ist eine Wiederholung der Vergangenheit, aber nicht jede Wiederholung ist eine Übertragung.
Ich kann in diesem Buch nicht auf die äußerst vielfältigen, viel diskutierten Aspekte der Übertragung und Gegenübertragung in der analytischen Praxis eingehen; wir verlören uns zu sehr in Detailproblemen, die allerdings für den Psychotherapeuten von höchster Wichtigkeit sind. Ich wiederhole nur, daß Kohut im Gegensatz zu Freud entdeckt hat, daß auch narzißtische Persönlichkeitsstörungen analysier- und damit heilbar sind, weil man bei ihnen zwei typische Übertragungsformen beobachten kann:
1. Die Spiegelübertragung als therapeutische Wiederbelebung des Größen-Selbst. Der Analytiker ist dem Patienten in der Spiegelübertragung nur wichtig, insoweit er dessen narzißtische Bedürfnisse befriedigt, ihm Geborgenheit, Anteilnahme und Spiegelung schenkt. In der regressivsten Form (Symbiose) wird der Analytiker nicht als eigene Person, sondern lediglich als eine Erweiterung des Größen-Selbst des Patienten wahrgenommen.
2. Die idealisierende Übertragung als therapeutische Aktivierung des idealisierten Eltern-Imago bzw. des allmächtigen Objektes.
In beiden Fällen wird der Therapeut vom Patienten narzißtisch besetzt; das heißt, er wird zum Selbst-Objekt. Bei der idealisierenden Übertragung wird er ja nicht um seiner Eigenschaften willen vom Patienten geliebt oder idealisiert, sondern dieser überträgt seinen Wunsch nach einem archai-

schen Objekt zur Erhaltung seines Selbstwertes, den er in der frühen Kindheit nicht erleben durfte, auf den Therapeuten.

Die narzißtischen Übertragungen sind von großem therapeutischem Nutzen. Beispielsweise ermöglicht es die Spiegelübertragung, infantile Größenphantasien ins Bewußtsein zu bringen. Werden sie vom Therapeuten nicht verurteilt, sondern bemüht er sich, diese gemeinsam mit dem Patienten zu *verstehen,* kann der sich verstanden und akzeptiert fühlende Patient seine unreifen Strukturen entwickeln und nachreifen lassen.

Gefühle zulassen – Durcharbeiten – Trauerarbeit

Ich bin überzeugt, daß die Analyse bei Patienten mit narzißtischer Persönlichkeitsstörung zunächst während genügend langer Zeit eine Vertrauensbasis schaffen und dem Patienten die Empathie und Verläßlichkeit des Analytikers zeigen soll. Der Patient muß sich ernstgenommen und akzeptiert fühlen, so wie er gegenwärtig ist und was auch immer er gegenwärtig in der Therapiestunde erlebt. Diese Phase mag sehr lange dauern und zu einer Geduldsprobe für Analytiker und Analysanden werden. Allmählich wird es wohl gelingen, dem Patienten zu zeigen, wie er mit seinen Gefühlen umgeht: Fast immer läßt er sie nicht zu, wehrt sie ab.

Es erstaunt mich immer wieder, wie wenig Patienten trauern können. Ein junges Mädchen erzählt nach bereits zweijähriger Analyse von ihrer traurigen Verstimmung, die grundlos einfach über sie kommt, wenn sie beispielsweise Hesse oder Novalis liest. Die traurige Verstimmung oder Depression ist aber in keiner Weise ein Trauern. Alle Gefühle sind wie entschwunden, und die Patientin tut alles, um ja keine Gefühle zu zeigen. Warum? Sie meint selbst, weil sie ihr Eigenstes nicht zeigen dürfte, nie zeigen durfte.

Das Nicht-trauern-Können zeigt sich etwa darin, daß ein Mensch vielleicht mit dem Kopf um die vielen Kränkungen, Demütigungen und Mißhandlungen in seiner Kindheit weiß, aber für sich selbst – für dieses Kind, das er selbst einmal war und das so gelitten hat – keine Empathie aufbringt. Empathie für sich selbst heißt, mit anderen Worten, Selbstgefühl entwickeln. Sich selbst zu spüren beginnen.
Es ist für die Heilung narzißtischer Persönlichkeitsstörungen entscheidend, daß der Patient mit der Zeit wagt, dem Analytiker zu vertrauen und ihm gegenüber seine Gefühle zu äußern, daß er lernt, zur eigenen Gefühlswelt zurückzukehren (nachdem sie seit früher Kindheit verschüttet blieb), sich selbst wahrzunehmen und sich selbst zu leben. Es bedeutet einen wichtigen Schritt in der Psychotherapie, wenn der Patient in sich auch sogenannt negative oder vielmehr während seiner ganzen Kindheit negativ bewertete Gefühle (Traurigkeit, Ohnmacht, Verlassenheit, Haß, Neid, Geiz, Zorn u.a.) entdeckt, die er nie lebte, weil er sie als Kind nie leben durfte. Alice Miller hat sich hierüber in ihrem ersten Buch (1979) sehr eindrücklich geäußert. Der Patient und sein Analytiker müssen auch darauf gefaßt sein, daß solche und ähnliche Gefühle keineswegs in differenzierter, reifer Form durchbrechen; denn was bislang zum Scheinleben verurteilt war und abgespalten bzw. verdrängt wurde, bricht zunächst in archaisch-primitiver Form hervor. Es kann sehr schmerzlich sein, das «Böse» und «Schlechte» (die analytische Psychologie spricht vom «Schatten») in sich selbst zu entdecken, oft verbunden mit einem mächtigen Haß auf die elterlichen Bezugspersonen, der jetzt zugelassen und verbalisiert werden kann. So mag ein Sohn den mächtigen, unterdrückenden, zertrampelnden, ewig nörgelnden und egoistischen Vater in sich selbst entdecken, und ähnlich mag es einer Tochter mit ihrer kalten, herrschsüchtigen, geldgierigen oder hysterischen Mutter ergehen. Auch abgespaltene, bisher nicht zur Kenntnis genommene eigene Größen-

phantasien können nun vom Analysanden entdeckt werden. Ich wiederhole es: Das Entdecken der wahren, eigenen Gefühle, auch der «häßlichen» und «schlechten», und die Konfrontation mit den eigenen Größenphantasien kann nur in einer Atmosphäre des Vertrauens und des Akzeptiertwerdens gelingen. Daher ist das phasengerechte, einfühlende Verstehen des Analytikers, fern aller moralischer Wertungen und Urteile, so notwendig als erste therapeutische Stufe; danach kann der Analysand in einer zweiten Stufe die Konfrontation mit seinem Wesen, wie es wirklich ist, angstfrei oder jedenfalls angstfreier aushalten. Was im täglichen Leben vielleicht noch nicht gelingt, in der Therapiestunde kann er es sachte einüben, ohne Angst vor dem Liebesentzug oder der Verurteilung haben zu müssen: Der Analytiker erweist sich als verläßlich, empathisch; er vermittelt Geborgenheit, ohne daß der Patient ihm als Vorleistung etwas zuliebe tun müßte.

Ich habe schon im ersten Teil auf Freuds wichtige Arbeit «Erinnern, Wiederholen, Durcharbeiten» hingewiesen. In der analytischen Therapie erinnert sich der Patient längst vergessener Kränkungen, Mißhandlungen und psychischer Traumata; er erinnert sich, wie sehr ihn seine Eltern als Selbstobjekt benutzten und mißbrauchten; er erinnert sich der wahren eigenen Gefühle und Phantasien. Allmählich wird ihm sein Wiederholungszwang bewußt, das Inszenieren unangenehmer Situationen, die frühere traumatische, verdrängte Situationen im Alltag oder vor allem in der Analyse wiederholen. Es ist, wie wenn der Patient noch keine andere Sprache hätte, um dem Analytiker das Drama seiner Kindheit zu erzählen.

Auf das Erinnern muß in der Therapie das Durcharbeiten folgen, nicht nur einmal oder mehrmals, sondern unzählige Male, getragen von der Atmosphäre der Einfühlung, des Verstehens und fraglosen Akzeptierens. Allerdings ist es mit

der Zeit unvermeidbar, daß der Patient die Grenzen auch des Analytikers kennenlernt: Er ist kein Halbgott oder Supermensch, der *grenzenlose* Empathie schenken oder dauerhaft die narzißtischen Kindheitswünsche des Patienten erfüllen kann. Der Patient wird lernen müssen, Enttäuschungen und Desillusionierungen in einem erträglichen Ausmaß auch bei seinem Analytiker zu akzeptieren; unter «erträglich» verstehe ich ein Ausmaß, das nicht traumatisch wirkt, sondern dem Patienten hilft, die bisher unreifen, archaischen narzißtischen Strukturen reifen zu lassen. Das Ziel der Analyse ist also keineswegs die einfache Erfüllung narzißtischer Kindheitswünsche, sondern:
1. eine Vergrößerung des Bewußtseinsfeldes, indem die abgespaltenen oder verdrängten Gefühle, Phantasien, Inszenierungen und Wünsche erinnert werden;
2. die auf solcher Einsicht basierende Nachreifung bisher archaisch primitiver Gefühle und seelischer Strukturen oder anders gesagt der Aufbau stabiler, im reifen Sinne kompensierender Strukturen des Selbst.
Das Durcharbeiten ist für den Analysanden ein schmerzlicher Prozeß. Aber gerade Schmerz und Trauer sind unentbehrlich für den Heilungsprozeß. Trauer? Auch das Trauern um sich selbst ist ein Gefühl, das viele Patienten erst entdecken müssen. Was sie bisher Traurigkeit nannten, sind vielmehr Gefühle der Ohnmacht, des Verlassenseins, der inneren Leere, verbunden mit Scham- und Schuldgefühlen. *Trauer* ist nach Freud (1917) die Reaktion auf den Verlust einer geliebten Person oder einer an ihre Stelle gerückten Abstraktion (z.B. eines Ideals). Im Trauern gewinnt der Mensch allmählich Abstand vom geliebten Objekt; er verarbeitet in der sogenannten *Trauerarbeit* (ein Ausdruck, der ebenfalls aus der zuvor erwähnten Arbeit Freuds stammt) den Objektverlust als Ergebnis eines aktiven, inneren Geschehens. Trauerarbeit heißt, täglich den Verlust neu durchzutrauern, zu weinen und sich wieder zu trösten und all-

mählich in die schmerzliche Realität einzuwilligen. Die Trauerarbeit macht den Menschen, allerdings auf schmerzliche Weise, reifer.

Trauerreaktion und Trauerarbeit sind etwas ganz anderes als die (narzißtische) Depression. Letztere ist oft tränenlos, und im Vordergrund stehen die innere Leere, die Ohnmacht, die Freudlosigkeit, die Hoffnungslosigkeit und die Erstarrung. Das Selbstwertgefühl ist auf grandiose Weise herabgesetzt; das Selbst ist gewissermaßen kalt und leer. Bei der Trauer ist dagegen das Selbstwertgefühl kaum wesentlich beeinträchtigt; dafür wird die Welt als kalt und leer erlebt. Die narzißtische Depression ist im Grunde eine Abwehr der Trauer; diese darf so wenig zugelassen werden wie die unerträgliche Realität des Nicht-akzeptiert-Werdens, der fehlenden Einfühlung und Zuneigung der elterlichen Bezugspersonen. Die Depression bedeutet Stagnation; sie macht nicht reifer im Gegensatz zum Trauern und zur Trauerarbeit. Darum kommt es so sehr darauf an, daß das Gefühl des Trauerns erst wieder zugelassen werden kann.

Wenn der Patient trauern lernt, kann er sich allmählich von der Depression entfernen. Er läßt die Trauer und Auflehnung über die frustrierten narzißtischen Kindheitswünsche, die erlittenen Kränkungen, die mangelnde Empathie und den Mißbrauch durch die Eltern zu und hält die damit wachgerufenen, bewußten Gefühle aus. Ich sage absichtlich «aushalten»; denn das Erlebnis des bewußten Schmerzes und die bewußte Trauer verschlimmern nicht selten vorübergehend den subjektiven Zustand während der Analyse. Diese ist in vielen Fällen tatsächlich ein Schmerzensweg. Sehr schmerzlich ist es für die Patienten vor allem, einzusehen und zu akzeptieren, daß sie um eine Kindheit voll Geborgenheit, Wärme und anerkennende Zuwendung betrogen wurden.

Indem der Patient in der Analyse trauern und seine Gefühle akzeptieren lernt, ergibt sich die Möglichkeit, aus dem bisherigen Schema der Enttäuschung oder Kränkung, der Verdrängung bzw. Abspaltung der Gefühlswelt und der Depression herauszukommen. Bei günstigem Verlauf der Analyse lernt der Patient, mit Versagungen umzugehen, und er erlangt eine stabile Fähigkeit zu trauern. Er hält seine Trauer aus, ohne wieder in die Verdrängung und damit in die Depression zu fallen. Schließlich wird er auch nicht mehr auf den Trost und den Beistand des Analytikers angewiesen sein. Er kann sich allmählich mit seiner tragischen Kindheit abfinden, ohne unersättlich und doch ebenso vergeblich dem nie erlebten, aber sehnsüchtig vorgestellten Paradies nachzujagen, wie Narziß unersättlich und vergeblich seinem geliebten Spiegelbild nachjagte.

Wer sich so verstehen und akzeptieren lernt, hadert nicht mehr weiter mit seiner Kindheit und den Eltern. Er ahnt wohl, daß diese in vielen Fällen Opfer ihrer eigenen Kindheit und einer daraus folgenden narzißtischen Störung sind. Er beginnt zu begreifen, daß die Eltern an ihren Kindern handelten, wie sie von ihren Eltern behandelt wurden. Am eindrücklichsten wird dies, wenn wir an uns Charakterzüge und Verhaltensweisen entdecken, die uns als Kindern weh getan haben und heute noch ärgern. Dann kann sich tieferes Verständnis nicht nur für uns selbst, sondern auch für die andern, die uns Leid und Schmerz zugefügt haben, entwickeln. Es ist schließlich das Verständnis für das Unvollkommene, Doppelgesichtige, ja Tragische dieser Welt, in der wir leben, für die grundsätzliche Unheilssituation des Menschen.

Wer verstehen und akzeptieren lernt, lernt vielleicht auch vergeben.

Reifer Narzißmus oder «heiles» Ich-Selbst

Keine Analyse kann das Ich-Selbst eines Menschen heilen. Heilung im Kern des menschlichen Wesens kann nicht manipuliert werden. Der Analytiker kann nur als «Geburtshelfer» dem Patienten beistehen, beim Erinnern, Durcharbeiten und Aufbau der defekten oder unterentwickelten Strukturen. Er kann freilich auf diese Weise überhaupt erst ermöglichen, daß ein Heilungsprozeß zustandekommt.
Kohut hat verschiedenenorts versucht, die therapeutischen Umwandlungen bei der Analyse narzißtisch gestörter Persönlichkeiten zu beschreiben. Es handelt sich hierbei um Leistungen und Errungenschaften der Persönlichkeit, indem sich archaische und «defekte» Formen des Ich-Selbst zum «reifen Narzißmus» oder zum «heilen» Ich-Selbst entwickeln. Die Entfaltung eines «reifen Narzißmus» stellt für Kohut ganz generell eines der großen, positiven Ziele der menschlichen Entwicklung dar.
Wir haben den realitätsgerechten Zugang zu den eigenen Gefühlen und Interessen und insbesondere ein stabiles, realitätsgerechtes Selbstwertgefühl erwähnt. Infantile Größenphantasien werden erkannt und integriert; sie dienen nicht mehr der Kompensation eines angeschlagenen Selbstwertgefühles, sondern entfalten sich zur Freude an sich selbst und der eigenen Leistung. Mit der neugewonnenen Daseinsfreude und dem Selbstvertrauen können auch begrenzte Aufgaben den Menschen mit ganz ungewohnter und freudig erlebter Energie erfüllen. Die Hingabe an sinnvolle Ziele und schöpferisches Wirken wird entdeckt und kann beglückend erlebt werden.

Indem die archaischen Formen der idealisierten Eltern-Imago verinnerlicht werden, wird der Mensch fähig, sich zu begeistern und für Ideale zu öffnen; er wird aber auch fähig zur echten Bewunderung anderer. Die Möglichkeit, zu lieben, nimmt zu, wird stabiler und festigt umgekehrt auch das Selbsterleben. Der narzißtisch gestörte Mensch muß auf Grund seines Kindheitserlebens Zurückweisung und Erniedrigung oder aber Mißbrauch und Manipulation befürchten, wenn er Liebe gibt; «je sicherer (aber) ein Mensch sich seines eigenen Wertes bewußt ist, je gewisser er weiß, wer er ist, und je sicherer sein Wertsystem verinnerlicht ist, umso mehr wird er mit Selbstvertrauen und Erfolg in der Lage sein, seine Liebe zu geben...» (Kohut 1973, S. 335).
Kohut nennt nun noch weitere Fähigkeiten, die er höhere Formen des Narzißmus oder «kosmischer Narzißmus» nennt. Ich möchte hier seine Gedanken aufnehmen und noch etwas erweitern.

Die Kränkung des Altwerdens und der Vergänglichkeit akzeptieren oder: Menschliche Relativität und Ewigkeit

Freud hat während des Ersten Weltkrieges einen kurzen Essay über die Vergänglichkeit (1916) geschrieben. Die Vergänglichkeit von geliebten Objekten, seien es Menschen, Tiere oder Dinge, führt zu Trauer und Schmerz und damit zur emotionalen Aufgabe, sich in Trauerarbeit von den geliebten Objekten zu trennen. Schon diese Aufgabe mißlingt, wie wir wissen, dem Menschen oft. Freud führt in seinem Essay Beispiele für einen unrealistischen Ewigkeitswunsch an; er hält diesem entgegen, daß gerade der Vergänglichkeitswert als Seltenheitswert in der Zeit zu einer Wertsteigerung führe.
Weit schwieriger noch ist es, uneingeschränkt mit Kopf und

Herz zu akzeptieren, daß mein eigenes Ich-Selbst hinfällig, vergänglich und endlich in der Zeit ist. Der moderne Mensch investiert sehr viel zur angstfreien Abschirmung gegen eine Auseinandersetzung mit dem eigenen Altwerden, Sterben und Tod. Die moderne Medizin setzt, im Einklang mit den illusionären Unsterblichkeitswünschen der Allgemeinheit, alles daran, den Tod soweit als möglich hinauszuschieben, ja zu einem vermeidbaren Ereignis zu reduzieren. Noch nie war der Mensch so bestrebt wie heute, seine Jugendlichkeit und Fitness bis ins hohe Alter zu bewahren; dabei widerspiegeln all diese Bemühungen, so wertvoll sie in präventivmedizinischer Hinsicht sein mögen, eine generelle Hypochondrie und Todesangst.

Das Alter wird meist abgelehnt bzw. negativ beurteilt, aus verschiedenen Gründen; vor allem aber, weil es die Vorhalle des ebenso gewissen wie unvorstellbaren Todes darstellt und sich im Schatten der Vergänglichkeit ein unerbittliches *Bilanzziehen* aufdrängt: Du hast dein Leben gelebt; wie hast du es genutzt? Wie hast du es gelebt? Wie hast du deine Talente eingesetzt? Hast du deinen äußeren und inneren Auftrag erfüllt?

Ich habe schon darauf hingewiesen, daß um die Lebensmitte oder beim Eintritt in die zweite Lebenshälfte gehäuft narzißtische Depressionen auftreten. Die Schwelle zum Altwerden bringt die Konfrontation mit endgültigen Grenzen, mit Unwiderruflichem, mit der Endlichkeit. Und diese Konfrontation stellt eine so schwere Kränkung dar, daß nur in sich gefestigte Persönlichkeiten ihr in reifer Weise zu begegnen vermögen.

Das Akzeptieren der eigenen Hinfälligkeit und Vergänglichkeit ist nicht mit Resignation und Hoffnungslosigkeit verbunden; wohl aber braucht es viel Trauerarbeit. Das Leben bringt uns, in individuell unterschiedlichem Ausmaß, Höhepunkte und Siege; noch zahlreicher aber sind, auf das Ganze gesehen, Leiden und Niederlagen. Der Tod ist nur

Schlußpunkt und die Zusammenfassung aller Niederlagen. Vielleicht ist die Fähigkeit, die Grenzen, die Unvollkommenheit und Vergänglichkeit des menschlichen Seins *ohne jede Resignation* zu akzeptieren, nur wenigen und manchen nur andeutungsweise beschieden. Aber ich glaube, wir können nicht früh genug damit beginnen, statt Verdrängung von Altern und Tod die bewußte Konfrontation zu suchen, uns zu üben im Leiden und in der Trauerarbeit und dennoch hoffend und gelassen, dann und wann sogar heiter mitten im Leben zu stehen und zu wirken.

Doch, was gibt uns Anlaß auf *Hoffnung?* Lebt vielleicht im Menschen ein Funke, der sich immer wieder entzündet? Dafür könnte sprechen, daß viele Sterbende wohl ein Stadium der Hoffnungslosigkeit und des Trauerns durchleiden, in der allerletzten Lebensphase aber, *nach* der Trennung von allem Vertrauten, Lieben und Weltlichen, zu einer neuen, für uns Zurückbleibende wohl schwer einfühlbaren Hoffnung finden. Dafür könnte wohl auch sprechen, daß während des ganzen menschlichen Lebens Sterben und Werden immanent sind. Die Selbstwerdung des Menschen steht in engem Zusammenhang mit immer neuen Wandlungsprozessen, die jeweils in besonders kritischen Lebensphasen, wie Übergang von der frühkindlichen Symbiose zur ersten Loslösung, Trotzalter, Sozialisierung und Schulzeit, Pubertät, Lebensmitte-Krise und Altern, kulminieren. Jede Wandlung ist Sterben und Werden zugleich; ohne Sterben gibt es kein Werden, und zum Sterben gehört Trauern. Wer gegenüber dem seelischen Selbstwerdungs- und Wandlungsprozeß offen ist und versucht, ihn bewußt zu leben, kann immer wieder erfahren, daß Sterben, Resignation und Erlöschen nicht das Letzte sind, sondern die Hoffnung und Zuversicht dem Neuwerden gilt.

Und wenn der Tod *selbst* nicht nur der Tod, sondern eine unvorstellbare Wandlung wäre? Wenn wir ihn in der Stunde des Sterbens als Freund zu erkennen vermöchten, der uns unter Wehen in das Unsagbare führt? Gerade weil wir vermeiden, Altern und Tod zu bagatellisieren, und indem wir versuchen, in Trauerarbeit das Verwelken, ja zuletzt das radikale Aufbrechen unseres Seins zu akzeptieren, gewinnt unsere Hoffnung an Glaubwürdigkeit.

Humor

Humor heißt nach dem ursprünglichen lateinischen Wortsinn «Flüssigkeit», doch hat sich die Bedeutung seit dem 18. Jahrhundert gewandelt: Heute bezeichnet Humor die heiter-gelassene Gemütsverfassung inmitten aller Widerwärtigkeiten und Unzulänglichkeiten des Daseins, etwa nach dem Motto «Humor ist, wenn man trotzdem lacht».
Humor ist die Möglichkeit, über sich selbst und die eigenen Unzulänglichkeiten lachen zu können. Humor hat nicht viel mit oberflächlicher Lustigkeit oder feuchtfröhlicher Geselligkeit zu tun. Humor enthält auch nicht einen sadistischen Unterton von Sarkasmus, dient doch dieser der Abwehr. Echter Humor – eine Seltenheit! – ist dagegen ein Anzeichen für hochgradige Stabilisierung des Selbstwertgefühls und setzt damit große innere Stärke und Selbstvertrauen voraus. Er zeigt, daß ein Mensch zusehends in seinem wahren Ich-Selbst lebt, daß er seine bisherigen Größenphantasien oder seine Forderungen nach grenzenloser Macht und Vollkommenheit von idealisierten Objekten mit realistischen Maßstäben messen, ja sogar, wie Kohut es ausdrückt, «mit einem gewissen Amüsement» betrachten kann.

Weisheit und das Transzendieren des Ich-Selbst

Humor hat eine Beziehung zur ursprünglichen philosophischen Haltung als der Liebe zur Weisheit. Weisheit wird so wenig wie Humor oder die Fähigkeit, die eigene Vergänglichkeit zu akzeptieren, in Lustigkeit oder dionysischer Hochstimmung geboren. Diese Eigenschaften sind nicht von Größenphantasien, sondern eher von Trauer begleitet; denn, wie es Kohut (1966) formuliert, die «libidinöse Besetzung» muß vom «narzißtischen Selbst» abgezogen und die narzißtische Libido «neuverteilt» und «umgewandelt» werden.

Wir versteigen uns nicht in die Behauptung, daß die Heilung narzißtischer Persönlichkeitsstörungnen den Patienten humorvoll und weise mache. Aber etwas Humor und etwas Weisheit können da und dort aufleuchten. Es sind der Humor und die Weisheit, beispielsweise auch die Konflikte und Begrenzungen des Analytikers zu erkennen. Es sind der Humor und die Weisheit, die Reste von eigenen Hemmungen und Symptomen oder das Bestehenbleiben von Konflikten nach Therapiebeendigung ohne Zorn, Sarkasmus und Depression zu ertragen.

In einem weiteren Sinne haben Humor, Weisheit und die Fähigkeit, seine Endlichkeit zu akzeptieren, vieles gemeinsam. Es handelt sich um ein weitgehendes Aufgeben narzißtischer Illusionen und Größenphantasien, um die Möglichkeit, die Grenzen, Relativierungen des menschlichen Daseins überhaupt zu akzeptieren, ohne in Resignation zu fallen oder die Bindungen an die Aufgaben des Lebens aufzugeben. Die «Umformungen» oder die «Reifung» des Narzißmus führen zu einem «heilen» Ich-Selbst, das gerade heil wird, indem es gleichsam sich selber transzendiert.

Selbst und Selbstverwirklichung in der Psychologie C.G. Jungs

Individuation

Das Leben jeder Entwicklungsstufe scheint einem Drang zur Individualisierung zu folgen. Wir beobachten eine fundamentale Tendenz der Natur, einen möglichst großen Reichtum an Einzelwesen (Individuen) hervorzubringen. Die Entwicklung vom Kollektiv zum unteilbaren und einzigartigen Individuum ist im besonderen ein Merkmal der menschlichen Seele. Der Prozeß der spontan ablaufenden menschlichen Individuation beginnt, wie wir früher gesehen haben, im zweiten Lebensjahr und ist weitgehend unbewußt. Er bildet die seelische Parallele zum körperlichen Wachstums- und Alterungsprozeß.
In der Psychologie C.G. Jungs bedeutet Individuation jedoch, im Rahmen des universellen Prozesses, die spezifisch menschliche Möglichkeit der bewußten Differenzierung. Die *Bewußtwerdung* der eigenen Individuation als bewußte Selbstverwirklichung hat zum Ziel, die Individualpsyche aus der Kollektivpsyche herauszuheben. Die bewußte Individuation ist nicht ein Ziel, das jemals zu erreichen wäre, sondern ein Prozeß, der niemals zum Stillstand kommen dürfte. Die bewußte Individuation – und von einer solchen spreche ich im folgenden im Sinne Jungs – schafft die Möglichkeit, wenigstens teilweise bisher unbewußte Kräfte hinter dem eigenen Fühlen, Denken und Handeln zu erkennen. Ein derartiger fortwährender Prozeß kann aber nicht nur differenzieren, sondern muß auch zu einer annähernden seelischen Ganzheit führen, so daß die differenzierten In-

halte von einer *zentrierenden Funktion* zusammengehalten werden. Jung nennt diese zentrierende Funktion der Seele das «Selbst»; ich werde darauf bald ausführlich zurückkommen.

Jungs Entdeckung des bewußten Individuationsprozesses beruht auf unzähligen empirischen Beobachtungen. Er zeigte, daß sich die Bewußtwerdung nicht nur auf Inhalte des *persönlichen Unbewußten* (d.h. vergessene oder verdrängte Inhalte, die für die individuelle Person spezifisch sind) erstreckt, sondern auch auf solche des von ihm so bezeichneten *«kollektiven»* oder «überpersönlichen» *Unbewußten.* Jung hat im Sinne einer hilfreichen Arbeitshypothese die verschiedenen Inhalte des Unbewußten (persönliches und kollektives Unbewußtes) gleichsam «entmischt» und konnte auf diese Weise deren grundsätzlich differierenden Charakter besser aufzeigen (Jacobi 1971). Im Gegensatz zum persönlichen Unbewußten finden sich im kollektiven Unbewußten keine individuellen Inhalte, sondern *art*spezifische Wesenszüge, die für die psychische Struktur der Art «homo sapiens» spezifisch sind. Das kollektive Unbewußte stellt für Jung den überpersönlichen Mutterboden des persönlichen Unbewussten *und* des Bewußtseins dar und wird von ihm daher auch das «objektiv Psychische» genannt. Es kann nie direkt, sondern nur indirekt dem Bewußtsein zugänglich werden, in Form von Symptomen, Komplexen, Bildern und Symbolen im Traum und in Phantasien.

Die Inhalte des kollektiven Unbewußten nennt Jung die *Archetypen* und spricht in diesem Zusammenhang auch von «Dominanten des kollektiven Unbewußten». Die Summe der Archetypen wird so zur Summe aller latenten Möglichkeiten der menschlichen Seele, die er nicht individuell lebensgeschichtlich erwirbt, sondern mit denen er, als eine Art psychische «pattern of behaviour», geboren wird. Es sind «ererbte Bahnungen», vergleichbar dem angeboren-instinktiven Verhalten des Tieres. Dieses universelle und gleichwertige Substrat in der menschlichen Psyche äußert sich in allen Winkeln der Erde in Motiven der Märchen, Mythen und Religionen, aber auch in Kunst und Literatur, ja in der Kultur ganz allgemein. Archetypische Motive, wie etwa die überpersönliche Mutter als Göttin, «Mutter Erde», Fee, Hexe oder zerstörerische Dämonin, kommen aber auch in den Träumen, Visionen und Wahnideen des einzelnen Menschen vor (vgl. z.B. H. Maass 1981). Gerade diese Universalität von Gestalten und Ideen ist für die Archetypen charakteristisch.

Jungs Archetypen haben aber noch eine weitere Bedeutung: Die Begegnung mit ihnen ist ein faszinierendes quasi-religiöses Erlebnis, das den Menschen in den Zustand der Ergriffenheit versetzt. Jung spricht von einem numinosen Erlebnis und übernimmt damit einen Begriff von R. Otto, der das Numinose dem Göttlichen und Heiligen gleichsetzt. Das Numinose löst im Menschen ein Kreaturgefühl aus und wird als «Faszinosum» und «Tremendum» erlebt (R. Otto 1971), das heißt als faszinierend, von übermenschlicher und überirdischer Macht, dynamisch anziehend, geheimnisvoll, aber auch erschreckend und angsteinflößend. Weisen Traumbilder einen numinosen Erlebnischarakter auf, darf man annehmen, daß archetypische Trauminhalte vorhanden sind.

Die bewußte Individuation führt zu einer Begegnung mit dem persönlichen *und* kollektiven Unbewußten. Ziel ist eine möglichste seelische Ganzwerdung. Schon die bewußte Konfrontation mit den Inhalten des persönlichen Unbewußten und damit den uns bisher verborgen gebliebenen und verdrängten Schattenseiten unserer Persönlichkeit ist schwierig und schmerzhaft. Noch schwieriger ist aber die Begegnung mit dem archetypischen Unbewußten. Dieses kann sich gegenüber dem Bewußten einfach durchsetzen und wie ein gefährlicher, reißender Strom alles mit sich ziehen, bis zum Ausbruch einer schizophrenen Psychose.

Der unbewußte Individuationsprozeß findet seine natürlichen Grenzen; denn die Wirkungen aus dem kollektiven Unbewußten entstammen einer letztlich unfaßlichen, bewußtseinstranszendenten Sphäre. Der Prozeß setzt häufig erst in der zweiten Lebenshälfte ein, doch ist dies kein Gesetz. Krankheit, Schicksalsschläge und das Durchstehen von Konflikten können eine Chance sein, um den Menschen zu sich selbst zu führen und die Bewußtwerdung zu fördern. Leiden ist nicht nur Schmerz und Ohnmacht, sondern hat eine eigentümliche Gegensatzfunktion. Leiden wappnet gegen die seelische Trägheit und ist oft das Feuer, in dem Gold von seinen Schlacken befreit wird. So kommt dem schmerzhaften Erleben der Lebensmitte-Krise oft eine wichtige Signalfunktion zu, die allerdings verpufft, wenn die Krise nur scheinbar und oberflächlich bereinigt wird.
Nicht selten begegnet man dem Mißverständnis, Individuation führe in die Vereinzelung und Isolierung. Man verwechselt gerne Individuation und Individualismus. Gewiß, es ist wahr, daß der Mensch sich in der Selbstverwirklichung von der Masse abzuheben beginnt und gegen den Strom zu schwimmen wagt. Auf dem Weg zu sich selbst ist jeder Mensch allein. Er muß eine gewisse Einsamkeit ertragen, doch steht diese nicht im Gegensatz zur Gemeinschaft, im Gegenteil:
Einerseits kristallisiert sich die einmalige, einzigartige und unverwechselbare Persönlichkeit aus dem Kollektiv heraus. In der Sprache Heideggers vollzieht sich die Entwicklung vom undifferenzierten und kollektiven «Man-Selbst» zum «eigentlichen Selbst». Das Man-Selbst ist das Selbst des alltäglichen Daseins in der Zerstreutheit und Unverbindlichkeit; das eigentliche Selbst ist das «ergriffene Selbst», wo ich wirklich selbst bin in der «jemeinigen Existenz» (M. Heidegger 1967). Je mehr ich mir meines eigentlichen Selbstes bewußt werde, desto mehr erkenne ich mich in meiner Einmaligkeit, und desto einsamer werde ich.

Anderseits ermöglicht erst die Herausdifferenzierung des einzelnen die wirkliche Begegnung von Ich und Du als einer dialogischen Beziehung. Diese ist unmittelbar; Ich und Du werden, vorübergehend, zu einer Einheit, zu einem Ganzen. Aber auch das Umgekehrte gilt: Der Mensch ist nur Mensch, weil und insofern er ein bezogener Mensch ist, das heißt in Beziehung steht mit dem Du. Der Individuationsprozeß hat also zwei Aspekte: den innerseelischen, subjektiven Vorgang und die auf das Du ausgerichtete Beziehung. Die richtig verstandene Individuation führt daher niemals in die Isolation, wohl aber macht sie einsam, was etwas ganz anderes ist. Jung hat diesen doppelsinnigen Aspekt der Individuation stark hervorgehoben und betont, der Mensch finde seine Ganzheit nur im Du, in der Bezogenheit. Das ist von großer Bedeutung; denn viele moderne «Selbstverwirklicher» sind lediglich auf der ewigen Jagd nach ihrem Ich und dessen Bedürfnissen und leben in «narzißtischer» Abkapslung vom Du.

Das «Selbst» in der Psychologie C. G. Jungs

Kohut hat in seiner späteren Konzeption das Selbst als «Mittelpunkt des psychologischen Universums des Individuums» bezeichnet. Diese Formulierung kommt dem Jungschen Selbst in gewisser Hinsicht sehr nahe, wie wir gleich noch sehen werden. Kohut hat sich geweigert, das Selbst in theoretisch exakter Weise zu «definieren». Er meint, das Selbst sei – wie alle Realität – in seiner Essenz nicht erkennbar, und er stützt sich hier offensichtlich auf Kants Kritik der menschlichen Erkenntnis. Er bleibt mit dieser Feststellung auf dem Boden wissenschaftlicher und philosophischer Selbstbescheidung.

Geht das Jungsche Selbst über das empirisch Beobachtbare hinaus, oder verliert es sich gar im Spekulativen, wie ihm oft vorgeworfen wird?

Einerseits weist es viele Analogien zum Selbst Kohuts oder zum Ich-Selbst, wie ich es in diesem Buch bezeichne, auf. Das Selbst ist Zentrum der eigenen Persönlichkeit oder «Zentrum der menschlichen Seele», wie dies Jung formuliert. Als solches umfaßt es die Ich- oder Bewußtseinssphäre *und* das Unbewußte und stellt damit die Totalität der menschlichen Psyche dar. Es ist an dieser Stelle nötig, die Jungsche Definition des Ich wiederzugeben; denn dieses Ich unterscheidet sich wesentlich vom Ich der psychoanalytischen Instanzenlehre: «Unter ‹Ich› verstehe ich einen Komplex von Vorstellungen, der mir das Zentrum meines Bewußtseinsfeldes ausmacht und mir von hoher Kontinuität und Identität mit sich selber zu sein scheint» (Jung GW 6, 471). Das Ich ist Zentrum des Bewußtseins und zugleich Bedingung desselben; denn all unsere Erfahrung der inneren und äußeren Welt muß durch unser Ich hindurch, um überhaupt (bewußt) wahrgenommen werden zu können.

Jung setzt (GW 7, 191) die Individuation gleich der «Verselbstung» oder «Selbstverwirklichung» im Sinne des «zum Einzelwesen werden» als innerste, letzte und unvergleichbare Einzigartigkeit. In dieser Sicht gleicht Jungs Selbst unserem Ich-Selbst, insofern dieses eine Art Ich als Bewußtseinszentrum umfaßt und zugleich weit darüber hinaus reicht als Zentrum der Persönlichkeit. Nun aber: Mag ein solches Ich-Selbst sogar «Zentrum des Universums der menschlichen Psyche» sein und neben bewußten auch unbewußte Anteile enthalten, reicht es doch keineswegs so weit wie das Selbst nach Jungscher Auffassung. Dieses umgreift nämlich sogar das Kollektiv-Unbewußte und damit eine Dimension, die der Psychoanalyse (und beispielsweise auch der Daseinsanalyse) fremd ist. Wenn Jung schreibt, das Selbst begreife *unendlich* viel mehr in sich als das Ich (GW 8, 252), so will er damit sagen, daß es eine bewußtseinstranszendente, für das Bewußtsein bei weitem nie ganz erfaßbare Totalität darstellt. Es gibt in der Mathematik eine operationale Größe, die man «fast alle» oder «fast alles» nennt. Die Mathematiker verstehen darunter Unendlich mit Ausnahme von endlich vielen. «Fast alle» sind damit immer noch unendlich, obwohl «endlich viele» eine sehr große Zahl sein kann. Analog dazu können wir sagen, daß im Jungschen Individuationsprozeß sehr viel Unbewußtes dem Bewußtsein zugänglich werden kann; dennoch bleibt das Unbewußte dank dem Kollektiv-Unbewußten unendlich und damit unfaßbar groß.

Das Selbst ist in der Psychologie Jungs der zentrale Archetyp des kollektiven Unbewußten, der Archetyp der Mitte und der Ganzheit. Es ist eine Art virtuelle Mitte, die als solche alle Gegensätze vereinigt. Das Selbst kann zwar nur vermöge eines Ich wirken, oder, wie dies J. Jacobi (1971) ausdrückt, das Ich ist der einzige Inhalt des Selbst, den *wir* kennen. Das Ich glaubt normalerweise, der unbestreitbare Mittelpunkt der eigenen Persönlichkeit zu sein. Aber in Wirklichkeit empfängt es das Licht vom Selbst. Im Individuationsprozeß ist ihm mehr und mehr aufgegeben, die «Stimme jenes Größeren», eben des Selbst, zu vernehmen (Jung Briefe III, 116). Je mehr der Individuationsprozeß wirklich fortschreitet, desto stärker empfindet sich das Ich als Objekt eines unbekannten und übergeordneten Subjektes, eben des Selbst. Das Ich wird weder verdrängt noch unterdrückt. Aber es hört auf, um den eigenen Nabel zu kreisen, zugunsten des Kreisens um das übergeordnete, irrationale Selbstzentrum, wie die Erde um die Sonne rotiert.

Keinesfalls kann das Ich mit dem Selbst identisch werden. Wohl aber kann es sich mit dem Selbst identifizieren, was nicht dasselbe ist. Eine derartige Identifizierung entspricht nach Jung einer Gleichsetzung des Ich mit dem Numinosen. Er hat dafür den Begriff Ich-Inflation eingeführt. In dieser Identifizierung oder Ich-Inflation liegt tatsächlich eine erhebliche Gefahr, entsteht doch auf diese Weise «eine Art von vagem Übermenschen mit einem aufgeblasenen Ich und einem verblasenen Selbst» (GW 8, 252). Ein solcher Mensch mag sich heilandsmäßig oder furchtbar unheilvoll gebärden. Die Hybris ist jedenfalls der erste Schritt zum religiösen oder napoleonischen Wahn, und die Geschichte ist voller Beispiele hierfür.

Die Gefährlichkeit der Ich-Inflation beruht darauf, daß das Jungsche Selbst eine numinose Erlebnisqualität aufweist. Das «Numinose» ist ein Begriff, den R. Otto (1916, 1971) prägt; er bedeutet das Heilige in seiner zugleich anziehend-faszinierenden und erschreckenden Wirkung. Das Selbst symbolisiert sich nach Jung in Gottesbildern; darum ist das Erleben des Träumers dort, wo Selbstsymbole erscheinen, besonders intensiv und von langer Nachwirkung, innerlich aufwühlend oder erschreckend. Jungs Einsichten stammen aus einer anderen Empirie als diejenigen der Psychoanalyse, nämlich aus der sich in Träumen, Phantasien, spontanen Malereien usw. offenbarenden Bilderfülle vom Unbewußten. Und aus dieser Empirie wird keine Unterscheidungsmöglichkeit zwischen den Symbolen des Selbst – als Bildern der menschlichen Ganzheit – und Gottesbildern erkennbar. Die Imago Dei und die Imago des Selbst besitzen spiegelbildliche Ähnlichkeit. Jung schreibt:

«Intellektuell ist das Selbst nichts als ein psychologischer Begriff, eine Abstraktion, welche eine uns unerkennbare Wesenheit ausdrücken soll, die wir als solche nicht fassen können, denn sie übersteigt unser Fassungsvermögen, wie schon aus ihrer Definition hervorgeht. Sie könnte ebensowohl als ‹der Gott in uns› bezeichnet werden. Die Anfänge unseres ganzen seelischen Lebens scheinen unentwirrbar aus diesem Punkte zu entspringen, und alle höchsten und letzten Ziele scheinen auf ihn hinzulaufen» (GW 7, 260).

An anderer Stelle sagt Jung, das Selbst sei lediglich ein Grenzbegriff, etwa wie bei Kant das «Ding an sich» (GW 12, 215). Natürlich wird daraus klar, daß alle jene, die einer materialistischen Weltanschauung huldigen und immer

noch an das Ideal einer streng positivistischen Wissenschaft glauben, Jungs Selbst, ja seine Psychologie überhaupt, nicht akzeptieren können.
Nun ist das Selbst, genauer gesagt dessen Entelechie (nach Aristoteles das aktive Prinzip, welches das Mögliche erst zum Wirklichen macht), Ziel des Individuationsprozesses, anderseits nennt es Jung auch den «Gott in uns». Das ist eine höchst umstrittene Aussage, die zu immer neuen Mißverständnissen führt. Man hat Jung vorgeworfen, er überschreite die Grenze zwischen Psychologie und Religion. Jung wehrte sich vehement gegen diese «Unterstellungen», und man darf es ihm glauben, daß er nie im Ernst daran gedacht hat, eine theologische Aussage in seine Psychologie einfließen zu lassen. Er schreibt in einem Brief, er habe nie behauptet, «auch nur eine Spur metaphysischer Erkenntnis zu besitzen» (Briefe II, 277), und im Hinblick auf das Selbst äußerte er (allerdings handelt es sich hier um einen Protokollbericht): «Es ist ein Mißverständnis, wenn man mir vorwirft, ich hätte einen ‹immanenten Gott› und damit einen ‹Gottesersatz› geschaffen. Ich bin Empiriker und als solcher kann ich die Existenz einer dem Bewußtsein übergeordneten *Ganzheit* nachweisen, empirisch nachweisen. Diese übergeordnete Ganzheit wird vom Bewußtsein numinos erlebt, als Tremendum und Fascinosum. Als Empiriker interessiert mich nur der Erlebnischarakter dieser übergeordneten Ganzheit, die *an sich,* ontisch genommen, ein Indescriptibile ist. Dieses ‹Selbst› steht nie und nimmer an Stelle Gottes, sondern ist *vielleicht ein Gefäß für die göttliche Gnade»* (Jung GW 11, 675).
Jung spricht also nie von Gott, sondern nur von den Gottesbildern als dem empirisch-psychologisch Erfahrbaren im religiösen Bereich. Gott selbst ist ein unerfahrbares Geheimnis. Der Mensch macht sich aber unweigerlich Bilder von Gott, und diese anthropomorphen Bilder sind Projektionen des Göttlichen. Empirisch sind die anthropomorphen Got-

tesbilder nicht zu unterscheiden von den Symbolen des Selbst.
Allerdings hat Jung zur Verunsicherung beigetragen, wenn er beispielsweise das kollektive Unbewußte, dessen zentraler Archetyp ja das Selbst ist, mit der Gottheit gleichsetzt: Beide seien ja undefinierbar und unerforschbar. Jung konnte die Identität der Begriffe «Gott» und «Unbewußtes» ablehnen, um dann doch wieder zu schreiben: «Ich ziehe daher den Terminus ‹das Unbewußte› vor, wohl wissend, daß ich ebensogut von ‹Gott› oder ‹Dämon› reden könnte, wenn ich mich mythisch ausdrücken wollte. Insofern ich mich aber mythisch ausdrücke, geschieht es mit dem Bewußtsein, daß ‹Mana›, ‹Dämon› und ‹Gott› Synonyme des Unbewußten sind, indem wir von ersteren genau so viel oder so wenig wissen wie von letzteren» (Jung, 1962, 339).
Ja, wenn Jung sich darauf beschränkt hätte, *nicht* mythisch zu sprechen... Doch er war ein zutiefst religiöser, von der eigenen religiösen Erfahrung ergriffener Mensch. Er erlebte das Göttliche in seinen Träumen, Phantasien und Visionen als Symbole des Selbst und begegnete denselben Symbolen bei seinen Patienten. Es konnte nicht ausbleiben, daß er sich da und dort widersprach und – vielleicht – von der «psychologischen» in die «mythische» Sprache verfiel.
Die Gleichsetzung von Gott und dem Unbewußten wäre meines Erachtens eine gewaltige Selbstüberschätzung der Seele. Sie läuft letzten Endes auf die Gleichsetzung von Selbst und Gott, von Gottesbild und Gottheit hinaus. Und eben dies wollte Jung ja auf keinen Fall. Die Gleichsetzung von Selbst und Gott entspricht östlichen Praktiken, vor denen Jung warnte, weil auf diese Weise das Ego ausgelöscht werden soll. Doch gerade hier, im Umgang mit dem *sogenannten* Selbst der Inder, zeigen sich auch die enormen Schwierigkeiten, die einem der Jungsche Begriff des Selbst bereiten kann. Der Atman ist, durchwoben von den mystischen Spekulationen des Vedanta, ein äußerst schillernder

Begriff. Er kann im alten Schrifttum ein allgemeines Lebensprinzip (das Sanskrit-Wort Atman ist evtl. verwandt mit unserem «Atem») oder auch eine Art Persönlichkeitszentrum bedeuten, wird aber in den Upanishaden und später immer mehr zur unsichtbaren Essenz alles Seienden, insbesondere zum heimlichen Lenker der Seele, doch streng zu unterscheiden vom Ego bzw. persönlichen Ich und der empirischen Seele. Der Mensch ist im Grunde weder Ego noch Körper noch Seele; er ist Atman, «Hauch des Göttlichen (Brahman)», nur weiß er es nicht.

Es kommt mir vor, wie wenn Jung, der das Selbst mit Atman verglichen hat, zweimal die Notbremse ziehen müßte. Einmal ist die Individuation ein Prozeß, der die Verwirklichung des Selbst zum Ziele hat. Das Ich muß also lernen, seine Herrschaft an das Selbst abzutreten – aber wehe, es darf nicht wie im Osten verschwinden: So wie das Ich auf das Selbst angewiesen ist, gilt es auch umgekehrt. Zum anderen *ist* Atman = Brahman, während das Selbst ein Grenzbegriff für numinos-religiöses Erleben sein soll. Aber ich frage mich, ob sich die strikte Begrenzung des Selbst auf wissenschaftliche Empirie überhaupt durchführen läßt. Enthält das Selbst, als «Gott in uns», wie es Jung ja auch nennt, nicht Komponenten des Atman, wird das Gottesbild nicht ungewollt manchmal zu Gott?

Ich möchte es, zurückhaltend, so formulieren: Wo ein Symbol des Selbst erscheint, spürt der Mensch etwas, das größer, mächtiger, höher ist als er selbst, etwas, das Raum und Zeit transzendiert und das persönliche Ich relativiert. Das ist vielleicht das Äußerste, was man *psychologisch* aussagen kann.

Ist die Jungsche Psychotherapie eine Heilslehre?

Wenn Kohut von der «Heilung des Selbst» spricht, meint er damit, daß ein Mensch von seiner narzißtischen Persönlichkeitsstörung befreit wird. Indem der Analysand lernt, sich selber genau zu beobachten (Introspektion) und seine freien Einfälle aufrichtig mitzuteilen, und indem der Analytiker empathisch, einfühlend, in den Analysanden eintaucht, wird *vor* aller Deutung und Interpretation der Mutterboden geschaffen, auf welchem das unterentwickelte und defekte Selbst nachreifen kann. Das ist ein Heilungsprozeß, der mit einem religiösen Heilsweg kaum etwas zu tun hat. Nicht umsonst hat Kohut so deutlich vor der Gefahr gewarnt, daß Analytiker die Rolle des Heilands übernehmen. Freud hat schon seinerzeit erkannt, daß es Analytiker gibt, die es zulassen, vom Patienten an die Stelle ihres Ich-Ideals gesetzt zu werden. Damit sei aber die Versuchung verbunden, gegenüber dem Kranken die «Rolle des Propheten, Seelenretters, Heilands zu spielen» (Freud, 1923). Auf diese Weise wird gerade der narzißtisch gestörte Patient, der ja oft zur idealisierenden Übertragung neigt, ermutigt, eine Konfliktlösung durch grobe Identifikation anzustreben, und es können sich gar keine neuen, eigenen Strukturen bilden (Kohut, 1973, S. 192).

Wenn Kohut aber von einem «reifen» und schließlich gar «kosmischen» Narzißmus spricht (ein ärgerlicher Ausdruck, könnte man doch wähnen, da nehme des einen oder anderen Narzißmus in kosmischem Ausmaße zu!) als äußerste menschliche Möglichkeit, da das Ich-Selbst – der Narziß in uns – sich selbst relativiert und die eigene Begrenztheit akzeptiert, geschieht dies sehr subtil und ohne jeden Anspruch auf einen quasi-religiösen Heilsweg.

Ganz anders scheint es sich nun bei Jung und seinen Schülern zu verhalten. Jedenfalls schreibt eine seiner besten Kennerinnen, Jolande Jacobi, in ihrem Einführungsbuch zur Psychologie Jungs: Die Jungsche Psychotherapie «ist ein ‹Heilsweg› im doppelten Sinne des Wortes. Sie hat alle Vorbedingungen, um den Menschen von seinen psychischen und den damit verbundenen psychogenen Leiden zu

heilen... Aber daneben kennt sie den Weg und hat die Mittel, den einzelnen Menschen zu seinem ‹Heile› zu führen, zu jener Erkenntnis und jener Vollendung der eigenen Person, die seit jeher Zweck und Ziel alles geistgerichteten Strebens war» (Jacobi, 1971, S. 90).
Die Jungsche Psychotherapie ist zunächst einmal ein Heilungsweg, indem er wie andere psychotherapeutische Methoden auch neurotisches oder psychotisches Leiden heilen oder lindern will. Nach Jung wird die neurotische Störung durch eine «Dissoziation», einen Konflikt zwischen zwei verschiedenen Tendenzen, ausgelöst, nämlich einer, die vom Bewußtsein abgespalten ist und als autonomer Komplex wirkt, und einer anderen, die vom Bewußtsein gefordert wird. Doch führen nicht nur autonome Komplexe, die im persönlichen Unbewußten wurzeln, zu einer Persönlichkeitsspaltung; Jung hat die Abspaltung des Unbewußten überhaupt (also vor allem auch des archetypischen, kollektiven Unbewußten) vom Bewußten im Visier. Er schreibt in der Einführung zu Kranefeldts «Die Psychoanalyse»: «Da nun das Unbewußte zwar einerseits die Triebquellen und die ganze prähistorische Natur des Menschen bis ins Tierische hinunter, daneben aber auch alle schöpferischen Keime der Zukunft und die Quelle aller gestaltenden Phantasie enthält, so bedeutet Abtrennung vom Unbewußten durch neurotische Dissoziation nichts anderes als die Abtrennung von der Lebensquelle schlechthin, in gutem wie in bösem Sinne. Als vornehmste Aufgabe der Behandlung erschien mir darum die Bemühung, diesen verlorenen Zusammenhang und den notwendigen, weil lebensspendenden Parallelismus wieder herzustellen» (Jung GW 4, 380).
Wir sehen, daß grosso modo für die Jungsche Schule das Unheil in der Persönlichkeitsspaltung oder Dissoziation von Bewußtem und Unbewußtem besteht. Gegenüber anderen Schulen umfaßt nun aber das Unbewußte neben persönlichen Inhalten vor allem das kollektive Unbewußte, das

Reich der Archetypen. Das erstrebenswerte Ziel ist nicht nur die Linderung oder Heilung von neurotischem oder psychotischem Leiden, sondern die Individuation, die seelische Ganzwerdung. Zur Totalität des seelischen Geschehens gehört auch das religiöse Bedürfnis des Menschen, das für Freud Folge (pathologischer) Verdrängungen war. So wird die Individuation zu einer Ersatzreligion und überschreitet den Rahmen eines psychologischen oder psychotherapeutischen Anliegens.

Dies ist eine sehr verbreitete Beurteilung der Psychologie Jungs. Ist sie wirklich zutreffend?

Ich glaube, es liegen hier zwei arge Mißverständnisse vor. Zum einen hat Jung selbst seine Psychologie nie als Heilsweg aufgefaßt. Schriebe man ihm eine Gleichsetzung seiner Psychologie mit Religion zu, wäre er sicherlich empört. Gewiß, er hat ausdrücklich die Religion in die Psychologie miteinbezogen, das heißt religiöse Phänomene psychologisch untersucht. Aber man verwechsle nie die Öffnung für das Religiöse mit einer religiösen Heilslehre! Die Formulierung von Frau Jacobi, einer ausgezeichneten Kennerin von Jungs Gedanken, ist zumindest sehr mißverständlich, auch wenn die Autorin «Heilsweg» in Anführungszeichen setzt. Es mag auch sein, daß manche Suchenden ihr Heil, ihre Erlösung auf die Individuation projizierten. Besonders unglücklich ist es, wenn Autoren bekannter und geschätzter tiefenpsychologischer Übersichtsbücher, wie D. Wyss und L. Schlegel, die Behauptung «Jungs Psychotherapie *ist* ein Heilsweg, ein Religionsersatz» weiterverbreiten. Der Mißstand kommt unter anderem daher, daß viel zu rasch nach leicht(er) verständlicher und übersichtlicher Sekundärliteratur gegriffen wird, statt daß man Jungs Werke, die Primärliteratur einschließlich der Briefe, sorgfältig studierte! Anderseits ist es wahr, daß Jung sich manchmal dialektisch oder in Paradoxa ausgedrückt, ja zuweilen widersprochen hat. Er war kein Systematiker, sondern ein äußerst lebendiger Geist. Nicht nur seine, sondern die Psychologie überhaupt ist schwierig in Begriffe zu fassen, soweit man dem unendlichen Reichtum der Psyche einigermaßen Genüge tun will. Ganz besonders gilt dies für die Jungsche Psychologie, die das Religiöse ausdrücklich miteinbezieht.

Auf die zahlreichen Vorwürfe, die Jung deswegen gemacht wurden, schreibt er einmal: «Nicht ich habe der Seele eine religiöse Funktion angedichtet, sondern ich habe die Tatsachen vorgelegt, welche beweisen, daß die Seele ‹naturaliter religiosa› ist, das heißt eine religiöse Funktion besitzt» (zit. nach Rudin 1964). Jung versteht unter «Tatsachen» die zahlreichen archetypischen, numinos erlebten Bilder und Symbole in den Träumen, spontanen Malereien usw. seiner Patienten. Es ist denn auch kaum zu bestreiten, daß das Seelenleben des Menschen intensive religiöse Aspekte aufweist, und daran ändert nichts, wenn diese beim einzelnen und in der Gesellschaft so oft verdrängt werden. Und wen wundert es, daß die verdrängte «anima religiosa» dort wieder auftaucht, wo es um das Verdrängte und seine Behandlung geht, beim Psychotherapeuten? Man kann es daher der Jungschen Psychotherapie kaum zum Vorwurf machen, wenn sie sich so sehr um die religiösen Bilder und Symbole kümmert. Es verhält sich so, weil nur noch wenige Menschen heute in der offiziellen Kirche das finden, was ihren religiösen Bedürfnissen entspricht.

Das andere Mißverständnis liegt darin, die Individuation sei *Ziel* einer Behandlung. Jung hat immer gesagt, es sei nur eine approximative Annäherung an die Individuation möglich, und zudem sah er in der bewußten Individuation eine mehr oder weniger spezifische Aufgabe der zweiten Lebenshälfte. Die Individuation ist ein Ideal, ja sie läuft auf eine Utopie hinaus. Dies ist nicht gleichzusetzen mit Illusion! Unsere Welt sähe noch düsterer aus, wenn wir resignierend aus allen Idealen Kleinholz schlügen und sie als Illusionen bezeichneten. Mit Idealen, mit *realen* Utopien leben heißt lediglich, die realen Grenzen sehen und akzeptieren. Kein Ideal ist je wirklich erreichbar. Vielleicht aber kommt der elitäre Eindruck, den die Jungsche Schule nach außen oft macht, nicht zuletzt daher, daß einige Schüler diese Wahrheit etwas vergessen haben und unbescheidener sind als der Meister.

Blomeyer (1982) hat treffend geschrieben, der Gruppengeist der Jungianer verlange die Individuation und stelle schon an Ausbildungskandidaten den Anspruch, ein Individuierter zu werden. Individuation heiße aber nicht nur Heraustreten aus der Kollektivpsyche und ein davon Verschiedener, Einzigartiger werden, Individuation heiße auch, heraustreten aus der Identifikation mit dem eigenen Ich-Bewußtsein. Das ist aber ungeheuer schwierig, stellt sich doch die Aufgabe, den Primat des Ich aufzugeben. Blomeyer schreibt weiter, in dieser Situation versuche man, sozusagen gemäßigte Formen der Individuation zu beschreiben und als anzustrebendes Ziel einzusetzen. Es sei aber zu bedenken, daß die Frage nach der Ganzheit nicht mit Halbheiten beantwortet werden könne. Die Individuation bleibe eine sorgfältig zu beachtende Idee, von welcher der Psychologe ergriffen sein könne. Aber er setze die Individuation keinesfalls als Behandlungsziel ein. Die «Psychotherapie des Alltagslebens» und nicht die Suche nach dem Gral gehöre in die Sprechstunde. Gerade auch so biete die Jungsche Psychotherapie etwas ungemein Wertvolles, Hilfreiches und Belebendes.

Selbstverwirklichung und darüber hinaus?

Bringt die Selbstverwirklichung den Narzißmus in Reinkultur, wie ihre (theologischen) Verächter meinen, oder vermag sie über diesen hinauszuführen?
Doch bevor wir eine derartige Frage stellen, müssen wir uns einigen, was wir unter «Selbstverwirklichung» eigentlich verstehen. Der Ausdruck «das Selbst», 1701 bei Kramer erstmals in der deutschen Sprache nachgewiesen, bedeutet in der Umgangssprache, bei verschiedenen Philosophen und Psychologen jeweils Verschiedenes, und ebensowenig klar und scharf umrissen ist das Wort «ver-wirk-lichen». Was Wunder, wenn heute «Selbstverwirklichung» ein Begriff für alles und nichts ist.
Warum habe ich denn überhaupt einen so leeren und inhaltslosen, vagen Begriff hier eingeführt? Ich tat es im Zusammenhang mit Jungs Individuation; denn Jung hat ja die eine mit der andern gleichgesetzt – freilich in einer Zeit, die nicht wie die heutige wimmelte von Selbstverwirklichern aller Arten und Gattungen. *Selbstverwirklichung als Jungsche Individuation verstanden,* so und nicht anders verwende ich diesen Begriff hier, da er nun einmal zum Credo der Jungianer gehört. Ich weise auch auf das neulich erschienene Buch von Helmut Barz hin: «Stichwort: Selbstverwirklichung», Ehrenrettung eines Modewortes (1981).
Die heutige Kritik an der Selbstverwirklichung kommt vor allem aus den Höhlen fundamentalistischer Theologen, und zwar, wie ich meine, weit eher protestantischer als katholischer Herkunft. Das ist nicht weiter erstaunlich; denn der Begriff «Selbstverwirklichung» stellt ja vor, es gehe um ein

tätiges Verwirklichen oder Werken des Menschen; dieser mache sich doch auf, sein «Selbst» (und was kann dies schon anderes sein als das sündige, von Gott abgefallene Ich, sagen eben diese Theologen) zu verwirklichen. Folglich verfällt er der Werkgerechtigkeit und damit dem «Gesetze», und dies erst noch im Namen des Ego, statt daß er auf das Wort Gottes hörte und seine Rechtfertigung allein aus dem Glauben erführe.

Sicher steckt in dieser Kritik mehr als ein Körnchen Wahrheit, wenn man viele der heute praktizierten Formen der Selbstverwirklichung betrachtet, zumal jene, die ja im Grunde nichts anderes als ein Ego- und Selbstbefriedigungstrip sind. Andere Formen kranken daran, daß sie Abkömmlinge des Machbarkeitswahns sind (Was ist machbar? Alles ist machbar! Die künstliche Befruchtung, die Aufzucht des Embryos in der Retorte, die Manipulation der Erbsubstanz sind machbar. Die Verdrängung oder vielleicht einmal sogar die Abschaffung des Todes ist machbar. Warum also sollte das Selbst und die Verwirklichung desselben nicht machbar sein?). Jung freilich würde hier entgegenhalten, daß die Individuation keineswegs ein Ichtrip ist – das Ich soll ja lernen, sich dem übergeordneten, numinosen Selbst zu unterstellen – und daß Individuation auch nicht machbar ist, sondern geschieht, *dem* sich entdeckt, der sich dem Unbewußten öffnet.

Selbstverständlich kritisiert jene Theologie auch den Gegensatz von Selbstliebe und Nächstenliebe in der Selbstverwirklichung. Sie benimmt sich dabei päpstlicher als der Papst; denn das berühmte alt- wie neutestamentliche Gebot lautet: «Liebe den Nächsten *wie dich selbst*», und eben dieses «wie dich selbst» (das ja die Selbstliebe in der natürlichsten Weise voraussetzt) wird unterschlagen. Mit welchem Recht ist schwer einzusehen, es sei denn, man halte die Forderungen der Bergpredigt für erfüllbar (doch wer beschimpft nie seinen Bruder? Wer blickt nie eine Frau an, ohne Absicht, sie zu begehren? Wer leistet dem Bösen keinen Widerstand? Wer reicht die andere Wange dar, wenn ihn einer auf die rechte schlägt? Wer liebt wirklich seine Feinde? Wer ist vollkommen, wie der himmlische Vater vollkommen ist?).

Gewiß, es trifft zu, daß Jung in seinen Schriften die soziale Seite des Menschen vernachlässigt. Jungs großes Interesse gehört der Individuation und damit den Beziehungen zwischen dem Bewußten und dem Unbewußten. Jung hat freilich betont, die Individuation schließe die Umwelt nicht im Sinne einer falsch verstandenen Introversion aus, sondern gerade ein; denn die bessere Berücksichtigung der Eigenart des (eigenen und nichteigenen) Individuums führe auch zu einer besseren Erfüllung der kollektiven Bestimmung des Menschen.

Es leuchtet eigentlich ein: Jungs Selbst ist die Dominante nicht des persönlichen, sondern des *kollektiven* Bewußtseins. Folglich lebt das Selbst genau so im Du wie in mir selbst, und das Selbst im Du ist eng verbunden mit dem eigenen Selbst. Dieses ist eigentlich ein offenes Selbst, welches das «Selbstische», das auf die eigene Person Bezogene, durchbricht. Es macht paradoxerweise die ganz spezifische Individualität des Menschen aus und relativiert diese zugleich wieder in der Öffnung zum Du und zum göttlichen Bereich.

In diese Richtung jedenfalls müßte ein Versuch gehen, die Jungsche Position zu verteidigen.

Am Ende des Kapitels «Reifer Narzißmus oder ‹heiles› Ich-Selbst» habe ich darauf hingewiesen, daß die Reifung des Narzißmus schließlich zu einem «heilen» Ich-Selbst führe, das gerade «heil» werde, indem es sich selber transzendiere. Das wäre die Türe zum Ende des Narzißmus; das Ende selbst aber wäre die *eigentliche* Erlösung des Narziß. «Jenseits» könnte ein ganz anderes, verwandeltes Leben beginnen, das jedenfalls nicht mehr um ein Ich-Selbst kreisen

würde. Etwas ganz anderes würde zum Mittelpunkt des künftigen Menschen.
Irreale oder reale Utopie? (Reale Utopien sind realisierbar, das heißt, sie scheinen nur dem Phantasie- und Traumreich anzugehören.) Ein Ziel vor allem, das der einzelne nicht aus eigener Kraft erreicht; ein Zustand, der nicht machbar ist. Eine Utopie also, die nur als Geschenk Realität wird?
Nun denke ich allerdings, unbedingte Voraussetzung bliebe, daß der Mensch überhaupt einmal zu seinem Ich-Selbst findet und mit seinen Narzißmus leben lernt. Denn was man nicht hat, kann man auch nicht hergeben. In der Psychologie Jungs ist dieser neue Mittelpunkt, um den das Ich zu kreisen lernen soll, das Selbst, ein Begriff, der trotz gewissen Analogien zum Selbst Kohuts von diesem und dem Selbst in der Psychoanalyse überhaupt streng unterschieden werden muß: Jungs Selbst zeichnet sich vor allem durch eine intensive religiöse Erlebnisqualität aus. Doch Jungs Selbst bleibt letztlich immer auch ein Ich-Selbst, ist es doch auf das Ich als «Zentrum des Bewußtseinsfeldes und Subjekt aller persönlicher Bewußtseinsakte» (Jung GW 9/2, S. 12) angewiesen und bliebe ohne dieses völlig unbewußt. Jung kann sich nämlich einen bewußten geistigen Zustand, der nicht auf ein Ich bezogen ist, nicht vorstellen. Ich und Selbst verhalten sich zueinander komplementär, auch dann, wenn dem Selbst die führende, lichtspendende Rolle zukommt. Daher bringt die Jungsche Individuation wohl eine Einschränkung des Ich, nicht aber das Ende des Narzißmus. Ja, wenn man die verschlungenen und geheimen Pfade kennt, die das Ich einschlagen kann, muß man beim Individuationsweg sogar mit der Möglichkeit rechnen, daß es zwar dem Selbst Referenz erweist, um aber gerade so durch ein Hintertürchen wieder hereinzuschlüpfen.
Die Jungsche Psychologie betont einerseits die Notwendigkeit eines starken Ich und unterscheidet sich damit nicht grundsätzlich von der Zielsetzung praktisch aller psycho-

therapeutischer Richtungen, nämlich der Stärkung, Befreiung und Erlösung des Ich-Selbst. Anderseits geht sie über diese übliche Zielsetzung hinaus und transzendiert das Ich-Selbst in den Bereich des «numinosen» Selbst. Anders gesagt, das Ich soll sich dem Höheren und Zentrum des Ganzen unterordnen, seinen Primat abtreten. Das kann sich in den Träumen ereignen, wo eben nicht nur ein Träumer-Ich existiert, sondern unglaublich viel anderes, das viel wichtiger als das träumende Ich sein kann. Und es kann sich vor allem im gelebten Leben ereignen, freilich zumeist in Verbindung mit Leid und Schmerz. Insofern ist die bewußte Individuation ein Schritt weg von der Unheilssituation des Menschen, seiner tragischen Identifikation mit dem eigenen Ich. Es ist ein ähnlicher Schritt, wie ihn Kohut mit seinem «höheren» Narzißmus andeutete.

Aber hier sind die äußersten Grenzen dessen, was eine Psychotherapie – egal welcher Prägung – bieten oder andeuten kann. Psychotherapie ist keine Erlösung. Psychotherapie ist nicht Heilsweg.

Das Ende des Narziß?

Seit vielen Jahren läßt mich jener Ruf nicht mehr in Ruhe, den ein berühmtes Zen-Wort wie folgt formuliert: «den großen Tod sterben und dann auferstehen!» Ich möchte darum dieses Buch mit einigen persönlichen Gedanken beschließen.

Als Junge war ich sehr kirchlich-religiös und vor allem von einer Pfarrer-Persönlichkeit fasziniert, die Sonntag für Sonntag eindrucksvoll gegen den Egoismus des «natürlichen» Menschen wetterte. Auch die Predigten des berühmten Theologen Emil Brunner im Zürcher Fraumünster zogen mich mächtig an, besonders wenn er so überzeugend das kleine Ego, das sich ungeheuer aufbläht und zu Gott in Widerspruch setzt, dem allmächtigen Vater gegenüberstellte. Ich begann Theologie zu studieren und wählte für eine neutestamentliche Seminararbeit innerhalb des Markusevangeliums die Perikope 8, 34ff., die ich schon auf der Seite 70 angeführt habe. Allerdings mißverstand ich dort den Aufruf Jesu an seine Jünger, sich selbst zu verleugnen, das Kreuz auf sich zu nehmen und ihm nachzufolgen, gründlich: Ich glaubte, die gnadenlos-asketische Ausrottung des Ich-Selbst sei der Weg, um der Aufforderung der Bergpredigt «Ihr nun sollt vollkommen sein, wie euer himmlische Vater vollkommen ist» (Mt. 5,48) Folge zu leisten.

Später, als ich zur Medizin wechselte, las ich intensiv abendländisch-christliche und östliche Mystiker. Diese Lektüre vertiefte in mir die Überzeugung, das Ego sei der erste, wichtigste und wohl auch einzige Feind des Menschen, der eigentliche Widersacher, den frühere Generationen Teufel nannten.

Ich begann mich immer kritischer zu beobachten, und meine Egoismen ärgerten mich ungemein. Ich machte erstmals auch Bekanntschaft mit eindeutigen Größenphantasien und einer Neigung zur Aufblähung des Ich, in der Sprache der Jungschen Psychologie also der Identifikation des Ich mit dem Selbst. Das verhielt sich so: Ich wollte da sein für andere und heilen. ~~So jedenfalls stellte ich mir meine Motivation~~ zum gewählten Beruf als Arzt vor, und ich dachte, auf diese Weise meinen Egoismus überwinden zu können. Wie peinlich, als ich nun gerade da meine Neigung zu Größenphantasien und zur Grandiosität entdeckte, wo ich mich vermeintlich als junger Arzt ganz in den Dienst am Nächsten stellte. Ich begann zu erkennen, daß mein großer Einsatz, beispielsweise während der Spitalassistentenzeit, nicht nur und vielleicht nicht einmal in erster Linie selbstloser Dienst war – ich beanspruche das Wort «Selbstlosigkeit» jedenfalls für *mich* nicht mehr –, sondern dieser Einsatz war, so erkannte ich, gleichzeitig ein dauernder Appell an Kranke und Pflegepersonal: «Seht, wie ich mich einsetze! Seht, was ich alles selbstlos tue! Schätzt mich dafür! Habt mich gern, ja bewundert mich!»

Gleichzeitig begann ich in diesen jungen Jahren östliche Weisheitslehren zu studieren und spirituelle Erleuchtungswege zu üben. Ich besuchte unter anderem während vieler Jahre mit Hingabe und Faszination die Yoga-Schule des Inders Yesudian in Zürich und Ponte Tresa. Mit Yoga verband ich nicht nur die Hoffnung, meine fortschreitende unheimliche Krankheit zu besiegen, sondern auch die Illusion, dereinst von meinem Ego und damit von allen widrigen Umständen frei zu sein. Es schien so einfach: Richtig atmen. Richtig entspannen. Richtige Körperstellungen einnehmen. Und meditieren: «Ich bin reiner Geist. Nichts kann mich berühren. Nichts kann mich erschüttern. Nichts kann mir Schmerz zufügen. Ich bin Ich...» Es wurde mir erst Jahre später bewußt, wie menschenfremd und kalt dieses Yoga-Ideal des «absolut freien» Geistkönigs wenigstens für mein Empfinden ist.

Als Yoga nicht hielt, was ich mir davon versprochen hatte, machte ich die Bekanntschaft mit indischen Swamis und schöpfte neue Zuversicht. Tag für Tag übte ich die Mantra-Meditation, die in der ständigen, meist leisen Wiederholung

geheimer, im hinduistischen und tibetanischen Tantrismus heiliger Silben besteht. Ein geheimnisvolles Murmeln, und ich bestreite gar nicht, daß diese Rezitation eine introversive Wirkung hatte und mich im Augenblick sehr ruhig und friedlich stimmen konnte.
Aber ich kam eigentlich nicht weiter. Ich blieb Ich. Das Ego wurde nicht wirklich kleiner. Äußere Demut war noch nicht wirkliche Demut.
Mein Blick für den Egoismus anderer war und ist scharf. Aber im Egoismus anderer erkannte ich meinen eigenen. In der Jungschen Terminologie würde ich sagen, daß mir die Projektion meines eigenen «Schattens» stets bewußter wurde. Wo immer ein Verhalten anderer mich besonders ärgerte oder mir mißfiel, entdeckte ich dasselbe Verhalten bei mir. Mein Eifern gegen den Egoismus anderer oder gegen die Selbstsucht überhaupt war ein Eifern gegen mein eigenes Ich und umgekehrt.
Heute weiß ich, daß all dieses Eifern gegen das eigene Ich-Selbst keine Früchte bringt, ja sogar kontraproduktiv ist. Eifern hat etwas Fanatisches an sich, und Fanatismus verrät eine heimliche Unsicherheit. Der eifernde, manchmal fanatische Kampf gegen das Ego bedeutet, daß da ein grandioses Ideal-Ich oder Größen-Selbst am Werk ist. Es wird ein ethisch hochstehendes Ideal-Ich phantasiert, das perfektionistisch «rein», «klein» und «selbstlos» ist. Das Ideal des Ich-Selbst von sich selbst ist um so grandioser und perfektionistischer, je unsicherer und narzißtisch verletzter das Ich-Selbst in Tat und Wahrheit ist.
Dies trifft wenigstens für mich und andere, die ich beobachten konnte, zu. Ich behaupte jedoch keineswegs, die gigantischen Kämpfe vieler Mystiker und Heiliger gegen das eigene Ego seien auf dieselbe Weise zu interpretieren.
Ich erlebte die Geschichte eines, der auszog, um sein Ich zu besiegen oder besser noch, zu vernichten, um auf diese Weise der Erleuchtung und der Erlösung näher zu kommen.

Doch stattdessen entdeckte er, daß er sich auf einem verkappten Ich-Trip befand. Und was ist dies anderes als religiöser Narzißmus? Bei diesem versucht sich ein Ich zurückzustellen und winzig klein zu machen, um heimlich als demütiges und «vergeistigtes» Selbst zu imponieren.

So ging und geht es also nicht. Ich selbst kann das Ego ebensowenig vernichten, als ich den Narziß in mir erlösen kann. Das erlösende Ende des Narziß liegt nicht im Bereich meiner Machbarkeit. Ich kann nur durch die Liebe erlöst werden.

Was kann ich also tun? Ich denke, zunächst muß ich einmal lernen, mich selbst anzunehmen, so wie ich bin und als den, der ich bin. Das bedeutet, daß ich meinen eigenen Narzißmus als etwas Natürliches, wenngleich oft Allzumenschliches, realisiere und akzeptiere. Daß ich das nutzlose, destruktive und im Grunde größenwahnsinnige Wüten gegen mich selbst aufgebe (größenwahnsinnig, weil hinter solchem Wüten die phantastische Zukunfts-Vorstellung steckt, als Heiliger und Erleuchteter den anderen Menschen weit voraus zu sein...).

Narziß zerschlug sich im Mythos die Brust und siechte bis zu seinem Tod dahin. Ich glaube nicht, daß er dadurch erlöst wurde. Es war das Erbarmen der Götter, das ihn in eine Blume verwandelte.

Gleichermaßen verhält es sich mit dem Narziß in uns allen. Der Mensch muß zunächst einmal zu sich selbst finden, und im Falle einer narzißtischen Persönlichkeitsstörung heißt dies, daß der Kranke oder Gestörte zu sich selbst erlöst wird. Das ist Aufgabe der Psychotherapie. Viele Menschen spüren aber, daß damit die Grundsituation des Menschen noch nicht heil ist; denn Heil meint weit mehr als Heilung. Nicht umsonst beschreiben die großen Religionen im Abendland und im Osten das grundsätzliche Unheil und begründen es, wie ich am Ende des ersten Teiles darlegte, in der Tatsache, daß der Mensch sein Ego als absoluten Mittelpunkt setzt bzw. sich mit diesem identifiziert. Jedenfalls beruht das Unheil auf dem narzißtischen Ich-Charakter. Die Erlösung von diesem und damit vom Unheil kann aber nicht so erfolgen, daß der Mensch buchstäblich sein Ego zerschlägt. Er ist auf das göttliche Erbarmen, auf die Gnade angewiesen.

Indem ich zunächst einmal mich akzeptiere und aufhöre, gegen meinen Narziß einzuschlagen, gebe ich Aktivitäten auf, die letztlich Größenphantasien entspringen. Das heißt nicht, daß ich beispielsweise auf meditative Übungen verzichten soll. Ich denke nur, daß ich sie zu lassen habe, wenn ich mit ihnen unbedingt etwas erreichen will, und sei es, Gott näher zu kommen. *Ich* muß Gott gar nicht näher kommen, weil er mir ganz nahe ist und ich es bloß nicht weiß. Mir fällt der Schluß der Predigt 36 (Quint) von Meister Eckhart ein, der so lautet:

«Denn Gott ist sehr beflissen, allzeit bei dem Menschen zu sein, und belehrt ihn, auf daß er ihn zu sich bringe, wenn anders er folgen will. Nie hat ein Mensch nach irgend etwas so sehr begehrt, wie Gott danach begehrt, den Menschen dahin zu bringen, daß er ihn erkenne. Gott ist allzeit bereit, *wir* aber sind sehr unbereit; Gott ist uns ‹nahe›, *wir* aber sind ihm fern; Gott ist drinnen; *wir* aber sind draußen; Gott ist (in uns) daheim; *wir* aber sind in der Fremde.»

Meine Erfahrungen lehren mich, daß meditative Übungen – die ich an sich hochschätze – darum so oft mißlingen, weil ein Ich da ist, das auf diese Weise ein Ziel, beispielsweise die Erleuchtung oder die mystische Vereinigung mit Gott, erreichen möchte. Gewiß, nichts ist verständlicher als dieser Wunsch, nur glaube ich, daß Erleuchtung oder die mystische Vereinigung sich grundsätzlich außerhalb der Subjekt-Objekt-Ebene ereignen. Transzendente religiöse Erfahrungen sind nicht gebunden an eine bestimmte Stunde oder an einen bestimmten Ort; sie sind unabhängig von einer spirituellen Methode oder Bemühung, und vor allem kommen sie nicht, wann und wo ein Ich es will. Sie stellen das *Subjekt* als «Träger» transzendenter Erfahrungen radikal in Frage. In der transzendenten Erfahrung geschieht, wie Thomas Merton (1975) vermerkt, eine «radikale und revolutionäre Wandlung im Subjekt», und kein Europäer war meines Erachtens für eine solche Feststellung legitimierter als der 1968 verstorbene Trappistenmönch und Zen-Weise. Es gibt nämlich kein Subjekt, das transzendente religiöse Erfahrungen «machen» oder «haben» könnte. Es gibt kein Ich, das die Erleuchtung erlebt oder die mystische Vereinigung *erfährt,* mag es sich noch so winzig klein machen und in ein «höheres Selbst», «göttliches Selbst» oder wie immer schlüpfen; denn dieses enthält das scheinbar winzige und in Wirklichkeit grandiose Ich immer noch. Erleuchtungen und mystische Vereinigung sind Widerfahrnisse und nicht Erfahrungen. Das Ich kann unzählige Erfahrungen machen, beispielsweise Realitätserfahrungen, Traumerfahrungen, psychodelische Erfahrungen, pseudomystische Tranceerfahrungen usw. Bei der Widerfahrnis einer Erleuchtung oder Unio mystica ist das Ich, als erfahrendes Subjekt, auf rätselhafte Weise *umgewandelt;* wenigstens für Augenblicke ist etwas anderes, nennen wir es eine «mystische Einheit», an seine Stelle getreten, nicht mehr ein Ich, aber dennoch bewußt.

Es ist etwas in uns, das in diesen Augenblicken wahrnimmt – vielleicht auf einer unbewußten Ebene –, und dem doch kein (narzißtischer) Ich-Charakter zukommt.

Wirkliche Erleuchtungen und mystische Erlebnisse sind, so meine ich, ungemein selten. Auch die Geisteshaltung, von der der Apostel Paulus sprach: «Ich lebe, aber nun nicht mehr als ein Ich, sondern Christus lebt in mir», dürfte unter Christen extrem selten sein. Doch ähnliche Erlebnisse, nur viel bescheidener Art, mögen uns dann und wann widerfahren, ohne daß wir es immer bewußt erleben. Es können spontane, kurze Augenblicke sein, in denen es einfach so

seltsam über uns kommt und wir uns wie verwandelt, wie versetzt in eine andere Welt fühlen. Oder ein anderes Beispiel: Wir können im Musikhören völlig versinken, so daß nichts anderes mehr anklingt und nichts anderes mehr da ist. Auch diese kleinen Erlebnisse sind nie machbar; sie sind immer Gnade und Geschenk. Damit ist aber nochmals gesagt, daß auch kein Ich vernichtet werden muß; die Frucht fällt offenbar von selbst vom Baum, wenn sie reif ist.
Gebet und meditative Übungen sollten nichts anderem dienen, als offen wie eine Blume und wach zu sein. Denn auf das *Wachsein* kommt es an.
Es fällt auf, wie oft im Neuen Testament die Aufforderung «Wachet!» zu finden ist. Keiner kennt die Stunde, da der «Sohn des Menschen» wiederkommt. «Darum wachet!» Wie gut wäre es doch für den Hausherrn, der wüßte, in welcher Nachtstunde der Dieb kommt; er könnte dann wachen und bereit sein. «Deshalb sollt auch ihr bereit sein» (Mt 24, 37–44). Wie klug sind doch jene Jungfrauen, die nachts dem Bräutigam entgegengehen und zu ihrer Wachsamkeit nicht nur Lampen, sondern auch Öl mitnehmen. «Darum wachet! Denn ihr wißt weder den Tag noch die Stunde» (Mt 25,1–13). In Getsemani bittet Jesus, von Todesangst ergriffen, seine Jünger zu wachen, doch wie er wiederkommt, findet er sie schlafend. Da sagt er zu Petrus: «Simon, du schläfst? Vermochtest du nicht *eine* Stunde zu wachen? Wachet und betet, daß ihr nicht in Versuchung kommt» (Mk 14,37f.).
Auch die Apostelbriefe mahnen zur Wachsamkeit. So der erste Thessalonicherbrief (5,6): «Also laßt uns nun nicht schlafen wie die übrigen, sondern wachen und nüchtern sein!» Oder der Epheserbrief (5,14): «Wach auf, der du schläfst, und steh auf von den Toten, so wird Christus dir als Licht aufgehen.»
Die theologische Bedeutung dieser Zitate, die sich ja nur aus deren Kontext ergibt, kümmert mich hier nicht. Ich erlebe

die wiederholten Aufforderungen als Ruf, nicht zu schlafen, wenn Entscheidendes sich ereignet. Als Ruf, aus dem dösenden Vor-sich-hin-Leben zu erwachen und ganz da zu sein, im Jetzt und Hier und nirgendwo sonst. Als Ruf, aus der Verschlossenheit herauszutreten und mich Tag für Tag dem zu öffnen, was zu mir kommt. Vielleicht beginne ich dann zu sehen nicht nur mit dem äußeren, sondern auch mit dem inneren Auge. Vielleicht beginne ich dann zu hören nicht nur mit dem äußeren, sondern auch mit dem inneren Ohr. Vielleicht geschieht es dann, daß ich durch Gnade mich selbst vergesse und es in mir schweigt, weil etwas ganz anderes aufleuchtet.

Wach sein gehört zum Bewußtsein. Wach sein bedeutet darum auch Bewußtseinserweiterung, wie sie die Psychoanalyse anstrebt (Freud: «Wo Es war, soll Ich werden»), in vielleicht noch umfassenderer Weise (durch den Einbezug des kollektiven Unbewußten) die Psychologie Jungs. Wach sein ist aber noch mehr als Bewußtseinserweiterung; es bedeutet eine Umwandlung, Transformierung des Bewußtseins, das nicht in erster Linie anderes, sondern *anders* sieht. Es sieht, in der Sprache des Zen, alles, wie es wirklich ist, in der Soheit; es leuchtet in den Grund oder besser gesagt, es läßt sich vom Grund aller Dinge und alles Seins erleuchten. Der Name Buddhas, des Erleuchteten, leitet sich von der Wurzel buddh = erwachen ab und heißt darum: der Erwachte.

Was im Buddhismus mit Wachheit gemeint ist, kommt vielleicht nirgends eindrücklicher zum Ausdruck als im Tibetanischen Totenbuch. Die erste Phase des Nach-Todeszustandes wird beschrieben als «dem klaren Urlicht von Angesicht zu Angesicht gegenüber gesetzt werden» (Evans-Wentz 1970). Das empirische Bewußtsein der Objekte ist «ohnmächtig»; der Sterbende scheint ohnmächtig und dann bewußtlos zu werden. Aber das sieht nur von außen so aus; in Wirklichkeit zieht der Sterbende sein Bewußtsein von den Gegenständen seiner Wahrnehmung ab. Während das äußere Licht untergeht, gewinnt das innere Licht zunehmend an Klarheit. Es erscheint das «klare Urlicht» als Licht des Absoluten. Wer dies im Tode erkennt und nicht wieder in Trugbilder und Wünsche zurückfällt, ist erlöst.

Was aber scheinbar eine Beschreibung verschiedener Nach-Todeszustände ist, sollte, nach dem Vorschlag C.G.Jungs, von hinten nach vorne und damit als Lebensbuch oder Meditationsanleitung gelesen werden; denn im Tibetanischen Totenbuch ist die erwähnte erste Phase (Tschikhai Bardo) nur der erste (sehr kurzdauernde) von insgesamt drei Bardos (Nach-Todeszuständen). «Dem klaren Urlicht gegenübergesetztwerden» ist nichts anderes als die Erleuchtung. Sie ereignet sich vielleicht unerwartet und plötzlich wie der Tod. Sie ist Gnade, und Gnade ist es wohl auch, wenn einer im entscheidenden Moment nicht schläft, sondern wach ist. So könnte Narziß erlöst werden.

Die Christen haben ein einzigartiges Symbol für die Erlösung des Narziß: Mit Jesus, der gekreuzigt wurde, sterben und in Christus, der den Tod endgültig besiegte, auferstehen. Freilich bin ich nicht der Meinung, die bloße Zustimmung genüge: «Ja, Jesus Christus ist für unsere Sünden am Kreuz gestorben, und somit sind wir erlöst.» Das kann ein Lippenbekenntnis sein. Das Wort vom Tod und der Auferstehung müßte in uns Gestalt annehmen, in uns wachsen und uns durchsäuern gleich einem Sauerteig.

Andere mögen sich die Erlösung des Narziß von sich selbst in anderen Glaubensformen und Symbolen vorstellen. Im alten Mythos war es, wenigstens in der Darstellung Ovids, die Verwandlung des Narziß durch die Barmherzigkeit der Götter in eine Blume. Die Tragik des Narziß ist also nicht letzthinnig; sie lebt nicht ewig. Sie ist zwar Symbol für das Unheil des Menschen in der Endlichkeit und Beschränktheit, wandelt sich aber zum Symbol für das Heil-Sein.

Erklärung
einiger psychologischer Fachausdrücke

Abwehr: In der Psychoanalyse unbewußte Verhaltensmechanismen, die vor Triebansprüchen schützen. Soweit sich ein «Ich» als Instanz konstituiert, ist dieses passiver (= zu schützender) und aktiver (= schützender) Faktor der Abwehrmechanismen. Unter letzteren ist die → Verdrängung der wichtigste. Die Triebregungen werden unterdrückt oder umgeleitet zur Vermeidung von Konflikten.

Agieren: Wörtlich: Handeln. In der Psychoanalyse: unbewußt ablaufende Aktionen. Sie gehen auf längst zurückliegende Situationen zurück, ohne daß diese und die damit verbundenen Gefühle bewußt würden. Das Agieren ist mit einem starken Aktualitätsgefühl verbunden (→ Wiederholungszwang).

Ambivalenz: Gegensätzliche Gefühle (z.B. Liebe und Haß), die gleichzeitig nebeneinander vorkommen.

Archetyp: Griechisch: Urbild. In der Psychologie C.G. Jungs sind die Archetypen kollektive Urbilder und als solche Symbole, die man kulturübergreifend in Mythologie, Religion, Märchen, aber auch in den Träumen und Phantasien einzelner Menschen finden kann.

Aufmerksamkeit, gleichschwebende: In der Psychoanalyse die Art, wie der Analytiker dem Analysanden zuhören soll: Er nimmt jede Äußerung des letzteren wichtig, ohne einer den Vorzug zu geben.

Besetzung, narzißtische: Nach Kohut besetzt ein Mensch einen anderen narzißtisch, wenn er ihn narzißtisch, das heißt als einen Teil seiner selbst (→ Selbstobjekt), erlebt.

Dekompensation: Zusammenbruch der Kompensation. Der Begriff ist in der körperlichen Medizin gebräuchlich: Genügt die Leistung eines lebenswichtigen Organes (z.B. Herz) oder des Stoffwechsels nicht mehr, versuchen sich die Körperfunktionen bestmöglich anzupassen und ein neues, wenngleich prekäres Gleichgewicht zu schaffen (kompensierte Insuffizienz). Das Versagen dieser Kompensationsmechanismen ist die Dekompensation. Ich verwende den Begriff im Zusammenhang mit einer empfindlichen Störung des narzißtischen Gleichgewichts (Selbstwertgefühl): Wenn beispielsweise bei einer Kränkung die psychischen Kompensationsmechanismen nicht mehr genügen, kommt es zu einem psychischen «Zusammenbruch» oder eben einer Dekompensation.

Durcharbeiten: In der Psychoanalyse eine psychische Arbeit des Analysierten, in der er mit Hilfe des Analytikers → Widerstände allmählich überwindet. Diese Arbeit ermöglicht es dem Menschen, bisher Verdrängtes zu akzeptieren.

Elternimago: Von C.G. Jung geprägter Begriff: Unbewußtes Leitbild der Eltern, das Denken und Handeln des Erwachsenen bestimmt. Es wird in früher Kindheit geprägt.

Empathie: Besonders bei Kohut die «Einfühlung» des Therapeuten, der in das innere Leben des Analysanden bzw. Patienten eintaucht und sich vorübergehend mit letzterem identifiziert.

Erinnern: In der Psychoanalyse vor allem das Erinnern alter, im Unbewußten aber lebendiger Konflikte. Erinnern steht im Gegensatz zum neurotischen → Wiederholungszwang und ist im Sinne des Nacherlebens und Nachvollzugs Ziel der psychoanalytischen Behandlung.

Es: In der Psychoanalyse der Triebpol der Persönlichkeit und Hauptreservoir der psychischen Energie. Eine der drei Instanzen des psychischen Apparates in Freuds zweiter Theorie.

Gegenübertragung: In der Psychoanalyse die Gesamtheit der (unbewußten) Gefühlsreaktionen des Analytikers auf die Person des Analysanden in der Behandlungssituation (→ Übertragung).

Größen-Selbst: Nach Kohut ein «grandioses und exhibitionistisches» Bild des Selbst, wobei Vollkommenheit und Macht in das eigene Selbst phantasiert werden.

Ich: In der Psychoanalyse eine der drei Instanzen des psychischen Apparates. Die seelische Instanz Ich ist eine Art Mittler zwischen den Triebansprüchen des → Es, den moralischen Normen bzw. Befehlen (des → Über-Ich) und den Forderungen der Realität. Im (neurotischen) Konflikt ist das Ich Abwehrpol der Persönlichkeit, indem es über eine Reihe von Abwehrmechanismen (→ Abwehr) verfügt.

Während das Ich der Psychoanalyse nur teilweise bewußt ist, versteht C.G. Jung unter Ich das Bewußtseinszentrum, das Subjekt aller persönlichen Bewußtseinsakte, und es ist definitionsgemäß dem «Selbst» Jungs untergeordnet.

Ich-Ideal: In der Psychoanalyse das Ideal des Ich, von Freud stellenweise dem → Über-Ich gleichgesetzt. Jedenfalls weist das Ich-Ideal Beziehungen zum Über-Ich und Gewissen auf und hat sowohl den Aspekt des Verbotes wie des Ideals. Das Ich-Ideal kann auch als verinnerlichtes idealisiertes Objekt (→ Objekt, idealisiertes, → Verinnerlichung) aufgefaßt werden.

Ich-Inflation: Wörtlich bedeutet Inflation «Aufblähung». In der Psychologie Jungs: Die Assimilation (Angleichung) bedeutender unbewußter Inhalte (nämlich von → Archetypen, besonders des Jungschen →

Selbst) durch das bewußte Ich. Das Ich eignet sich etwas an, was nicht ihm gehört; es wird gewissermaßen zum Übermenschen und unterliegt einer Täuschung.

Ich-Selbst: In diesem Buch wird auf künstliche Abgrenzungen zwischen Ich und Selbst verzichtet. Das Ich-Selbst hat Teilfunktionen (z. B. Eigenwahrnehmung, Fremdwahrnehmung, Ordnung und Organisation der Wahrnehmungen, Denken), vermittelt Ich-Gefühl und wird als das Ganze der leibseelischen Persönlichkeit erlebt.

Ideal-Ich, Ideal-Selbst: In der Psychoanalyse ist das «Ideal-Ich» das idealisierte Ich. Dem Ideal-Ich gilt die narzißtische Selbstliebe, die das wirkliche Ich in der frühen Kindheit genoß. Der frühkindliche → Narzißmus muß im Laufe der normalen Entwicklung aufgegeben werden; als Ersatz wird der Narzißmus auf dieses neue ideale Ich verschoben, einem Ideal narzißtischer Allmacht und Vollkommenheit. Freud unterschied begrifflich nicht zwischen dem Ideal-Ich und dem → Ich-Ideal.

Geht man vom psychoanalytischen Selbst-Begriff aus, haben wir es statt dessen mit einem «Ideal-Selbst» zu tun. Dieses entspricht bei Kohut dem verinnerlichten → Größen-Selbst (→ Verinnerlichung).

Imago: Von C.G. Jung eingeführter Begriff: Unbewußtes Leitbild, das Handeln und Denken der Erwachsenen (und Jugendlichen) bestimmt, aber in früher Kindheit geprägt wurde. Besonders wichtig sind Vater- und Mutter-Imago.

Individuation: In der Psychologie C.G. Jung bedeutet Individuation – im Rahmen des universellen Entwicklungsprozesses – die spezifisch menschliche Möglichkeit der bewußten Differenzierung: Im Gegensatz zur spontan ablaufenden und meist unbewußten Individuation kann sich der Mensch seiner eigenen Individuation bewußt werden. Diese Bewußtwerdung bezieht sich nicht nur auf Inhalte des → persönlichen Unbewußten, sondern auch des → kollektiven Unbewußten.

Bei A. Mahler ist Individuation die «psychische Geburt», d.h. jener Differenzierungsprozeß, der die Individualität des Kleinkindes aus der → Symbiose von Mutter und Kind heraushebt.

Instanz, psychische: In der Psychoanalyse eine Unterstruktur des psychischen Apparates, z.B. die Instanz des → Es.

Introjekt, Introjektion: Wörtlich bedeutet «Introjektion» Hineinverlegung. In der Psychoanalyse: Das Subjekt läßt in seinen Phantasien Anschauungen, Einstellungen, Motive und anderes der Außenwelt von «außen» nach «innen» gelangen. Bei den eingeführten Objekten spricht man von «Introjekten». Die Introjektion hat nahe Beziehung zur → Verinnerlichung. Gegensatz: → Projektion.

Introspektion: Lateinisch: das «Hineinsehen». Bei H. Kohut bedeutet Introspektion die Selbstbeobachtung.

Kränkung: Ein vorübergehender Verlust an Selbstwertgefühl und damit eine Störung des narzißtischen Gleichgewichtes.

Libido: In der Psychoanalyse die Energie «solcher Triebe, welche mit all dem zu tun haben, was man als Liebe zusammenfassen kann» (S. Freud). Die Libido ist für Freud eine – allerdings nicht meßbare – quantitative Größe.
C. G. Jung hat den Libido-Begriff erweitert und versteht darunter die «psychische Energie» schlechthin.

Narzißmus: Es gibt sehr verschiedenartige Definitionen, z. B. «(übersteigerte) Selbstliebe», «Egoismus», «Zuwendung der Libido zum eigenen Ich oder Selbst». Freud unterscheidet auch zwischen «primärem» (beim Kleinkind normalem) und «sekundärem» (pathologischem) Narzißmus.

In diesem Buch definieren wir Narzißmus als ein Bündel elementarer Bedürfnisse nach Zuwendung, Geborgenheit vermittelnder Wärme und Spiegelung in einer liebenden Bezugsperson, damit auch das Bedürfnis, als Zentrum der eigenen Aktivitäten betrachtet, anerkannt und ernstgenommen zu werden. Die narzißtischen Bedürfnisse gehören zu einer normalen, natürlichen Entwicklungslinie, und deren phasengerechte und adäquate Befriedigung ist entscheidend für die Entwicklung des Selbstwertgefühles.

Narzißtische Persönlichkeitsstörung: Kindliche, vor allem frühkindliche chronische Frustrationen der narzißtischen Bedürfnisse (→ Narzißmus) führen zu Störungen der Persönlichkeitsentwicklung. Man könnte sie auch als Charakterneurosen bezeichnen, wobei die «klassischen» Neurose-Symptome, wie Angst, Zwang, Hysterie fehlen oder in den Hintergrund treten. Die Narzißmusforschung ist darüber hinaus davon überzeugt, daß in schweren Fällen paranoide (wahnhafte) Geisteskrankheiten und Grenzfälle solcher («Borderline-Störungen») auftreten können.

Neurose: Eine Störung der Konfliktverarbeitung. Durch → Verdrängung entstehen unbewußte Komplexe. Die Neurose-Symptome sind symbolischer Ausdruck des psychischen Konfliktes. Die Konfliktsituationen sind größtenteils solche der frühen Kindheit. Je nach Symptomen spricht man von Angst-, Zwangs- und hysterischen Neurosen. Bei den sogenannten «Organneurosen» stehen Störungen der Körperfunktion und der Befindlichkeit im Vordergrund. Kohut grenzt von den oben erwähnten «klassischen» Neurosen die narzißtische Persönlichkeitsstörung, eine Art «Charakterneurose», ab.

Objekt: Philosophisch und bewußtseinspsychologisch ist das Objekt der

Gegenstand des Wahrnehmens, Denkens und Handelns und steht dem wahrnehmenden, denkenden und handelnden Subjekt gegenüber.

Die Psychoanalyse verwendet den Begriff «Objekt» noch in speziellerem Sinne: Erstens als Objekt der Triebe («Sexualobjekt»), «an welchem oder durch welches der Trieb sein Ziel erreichen kann» (S. Freud), zweitens als Objekt der Liebe (oder des Hasses): Beim «Liebesobjekt» wird im Gegensatz zum zufälligen Sexualobjekt die Beziehung einer ganzen Person zu einem bestimmten Ganzen (Person, Ideal etc.) angestrebt.

Objekt, idealisiertes: Bei Kohut die idealisierte → Elternimago: Das kleine Kind weist einem bewunderten, allmächtigen (Übergangs-)Objekt, in der Regel den Eltern, Vollkommenheit zu. Es macht die Eltern zu → Selbstobjekten und erlebt die diesen zugewiesene Vollkommenheit und Allmacht als die eigenen.

Ödipuskomplex: In der Psychoanalyse alle von Liebe oder Haß geprägten Wünsche, die das Kind gegenüber seinen Eltern empfindet. Die positive Form des Ödipuskomplexes kennen wir als Todeswunsch gegenüber dem Rivalen des gleichen Geschlechtes; die negative Form ist die Liebe zum gegengeschlechtlichen Elternteil. Der Ödipuskomplex wird zwischen dem dritten und fünften Lebensjahr auf seinem Höhepunkt erlebt und dann normalerweise überwunden. In der Pubertät erfolgt eine Wiederbelebung. Sind die ödipalen Konflikte unzulänglich überwunden, entstehen Neurosen.

Projektion: In der Psychoanalyse die Veräußerlichung eines inneren Vorganges; das Ich «stößt... von sich aus, was ihm im eigenen Innern Unlustanlaß wird» (Freud). Das Subjekt stößt Qualitäten, Wünsche, Gefühle etc. von sich aus und lokalisiert es in einer anderen Person oder Sache. Die Projektion ist ein unbewußter Prozeß und entspricht einer → Abwehr. Gegensatz: → Introjektion.

Rationalisierung: In der Psychoanalyse der Versuch eines Subjektes, uneingestandene Handlungen, Gedanken oder Gefühle auf eine logisch oder moralisch akzeptable Scheinbegründung zurückzuführen. Die Rationalisierung hat Abwehrfunktion, wird aber meist nicht zu den Abwehrmechanismen (→ Abwehr) gezählt; denn es können nicht nur Symptome, sondern auch Abwehrmechanismen rationalisiert werden.

Regression: In der Psychoanalyse rückläufige Bewegung auf frühere Entwicklungsstufen. Der Begriff «Regression» ist für die Psychopathologie der → Neurosen von überragender Bedeutung. Regressionen sind aber in der Kinderstube und beim kranken Menschen alltäglich; sie treten unter bedrohlichen Umständen auf und bezwecken Erbarmen, Trost und Hilfe von anderen.

In der Psychologie Jungs ist die Regression eine rückläufige Bewegung der psychischen Energie (Libido) und hat in der psychischen Entwicklung (→ Individuationsprozeß) positive Aspekte, während in der Psychoanalyse die Regression zu den Abwehrmechanismen gezählt wird.

Schatten: In der Psychologie Jungs die verdrängte dunkle (unmoralische) Wesensseite des Menschen. Der Schatten wird auf andere (oder ganze Völker und Kulturkreise) projiziert (→ Projektion). Er gehört zum → persönlichen Unbewußten, bildet aber auch einen → Archetyp: das überpersönliche Böse.

Selbst: Der Ausdruck «das Selbst» bedeutet in der Umgangssprache, bei verschiedenen Philosophen und Psychologen jeweils Verschiedenes. Die wichtigsten Definitionsversuche im Rahmen dieses Buches:
Psychoanalytische Ich-Psychologie (Hartmann, Jacobson): Selbst = Totalität der physischen und psychischen Person in Abgrenzung zur Welt der Objekte.
H. Kohut: Nach dem früheren Konzept bildet das Selbst den zentralen Inhalt der drei psychischen Instanzen → Ich, → Es und → Über-Ich. Nach dem späteren Konzept weigert sich Kohut, das Selbst in theoretisch exakter Weise zu definieren; er umschreibt es als «Mittelpunkt des psychologischen Universums des Individuums».
C.G. Jung: Das Jungsche Selbst ist der zentrale → Archetyp der seelischen Ganzheit. Es umfaßt die bewußte und unbewußte Psyche. Das Selbst wird numinos erlebt, d.h. für Jung offenbart sich Gott in der Seele in den Symbolen des Selbst. Das Selbst ist nicht nur das Ganze, sondern auch die virtuelle Mitte der Psyche und umfaßt alle Gegensätze.

Selbstgefühl: Nach A. Miller die «unangezweifelte Sicherheit, daß empfundene Gefühle und Wünsche zum eigenen Selbst gehören». Das Selbstgefühl muß vom Selbstwertgefühl unterschieden werden.

Selbstobjekt: Bei H. Kohut das → Objekt → narzißtischer Besetzung: Der andere Mensch wird nicht als ein Zentrum seiner eigenen Aktivitäten erlebt, sondern als ein Teil von uns selbst.

Suizid: Selbsttötung.

Symbiose: In der Biologie das «freundschaftliche» Zusammenleben getrennter Individuen verschiedener Arten, das für beide Partner nützlich ist. In der Entwicklungspsychologie die Phase engster Zusammengehörigkeit von Mutter und Kind, etwa vom 2. bis 6. Monat. Das Kind lebt in der Illusion einer völligen Einheit mit der Mutter. Allgemeiner, nach V. Kast (1982, S.105), «das Verschmelzen eines Menschen mit einem anderen Menschen, einer Gruppe, einem Land usw.».

Trauerarbeit: Von Freud in die Psychoanalyse eingeführter Begriff, meint die psychische Arbeit, mit der ein Mensch allmählich Abstand von einem geliebten und verlorenen → Objekt gewinnt.

Über-Ich: In der Psychoanalyse eine der drei Instanzen des psychischen Apparates. Das Über-Ich ist einerseits eine verbietende und zensurierende Instanz; es verkörpert als solche das moralische Gesetz in uns. Anderseits bildet das Über-Ich auch Ideale und entspricht dann dem → Ich-Ideal.

Übertragung: In der Psychoanalyse: Erfahrungen, die ein Mensch als Kind mit wichtigen Bezugspersonen (vor allem Eltern) gemacht hat, und Gefühle, die er ihnen entgegengebracht oder von ihnen erlebt hat, werden unbewußt an geeigneten Menschen neu erlebt. Diese Wiederholungen der Vergangenheit werden mit einem starken Gefühl der Aktualität erlebt, sind aber eigentlich Mißverständnisse. Freud erkannte die Übertragung als das Helfende in der Arzt-Patient-Beziehung; der Patient bringt dem Arzt bzw. Therapeuten Gefühle der Liebe, der Achtung, aber auch des Hasses, der Furcht und der Demütigung entgegen, die eigentlich nicht ihm, sondern den (früh)kindlichen Bezugspersonen gelten.

Die Übertragung ist eine besondere Art der → Projektion und ein Vorgang der Wiederholung (→ Wiederholungszwang).

Unbewußtes: Das «Unbewußte» ist nur ein theoretisch erschlossener Begriff, d.h. wir wissen tatsächlich nicht, ob es das Unbewußte gibt, müssen aber dessen Existenz aus seiner Wirkung (Träume, Phantasien, Fehlleistungen, neurotische Symptome) annehmen. In der Psychoanalyse sind die Triebdynamik und das Verdrängte (→ Verdrängung) im Unbewußten lokalisiert. Im Unterschied dazu erkennt C.G. Jung im Unbewußten die Basis der gesamten seelischen Entwicklung.

Unbewußtes, persönliches: Bei C.G. Jung das individuell Vergessene, nur unterschwellig Erlebte und Verdrängte.

Unbewußtes, kollektives: Bei C.G. Jung repräsentiert das kollektive oder archetypische Unbewußte Urerfahrungen und Urbilder der Menschheit, unabhängig von der individuellen Erfahrung. Die Dominanten des kollektiven Unbewußten sind die → Archetypen.

Urvertrauen: Vom Psychoanalytiker E.H. Erikson eingeführter Begriff: «Eine auf die Erfahrungen des ersten Lebensjahres zurückgehende Einstellung zu sich selbst und zur Welt.» Mit «Vertrauen» ist ein Sich-verlassen-Dürfen gemeint: Das Kind gewinnt Vertrauen zur Umwelt und zu sich selbst. Mehr philosophisch verwendet den Begriff B. Staehelin.

Verdrängung: In der Psychoanalyse einer der Abwehrmechanismen (→ Abwehr): Unliebsame Triebtendenzen und mit diesen zusammenhängende unliebsame Gefühle werden in das Unbewußte zurückgestoßen und damit vom Bewußtsein abgehalten. Verdrängungen sind etwas Normales, doch können sie, weil Teile der Persönlichkeit nicht gelebt werden, zur Entwicklung von → Neurosen führen.

Verinnerlichung: Wird oft im gleichen Sinn wie → Introjektion verwendet. Spezieller bedeutet Verinnerlichung in der Psychoanalyse die Umwandlung von Konflikten, Verboten usw. bei äußeren Beziehungen in innere Beziehungen. Zum Beispiel wird eine Beziehung zwischen Vater und Kind zu einer Beziehung zwischen → Über-Ich und → Ich umgewandelt.

Verleugnung: In der Psychoanalyse ein Abwehrmechanismus (→ Abwehr): Die Weigerung, eine objektive Realität wahrzunehmen, die Unlustgefühle auslöst.

Widerstand: Die Opposition, die der Behandelte in der Psychotherapie, speziell in der Psychoanalyse, der Bewußtwerdung seines Unbewußten entgegenstellt. Der Widerstand ist meist unbewußt. Das Ich wünscht, daß Triebanliegen (bei C.G. Jung Aspekte des → Schattens) abgewehrt bleiben und nicht beunruhigen.

Wiederholungszwang: In der Psychoanalyse: Verdrängtes (→ Verdrängung) kann oft nicht als Vergangenes erlebt werden, sondern wird als aktuelles Ereignis erlebt. So wiederholen sich alte Ereignisse, ohne daß dies dem Betroffenen bewußt wird und bringen ihn immer wieder in ähnliche unangenehme Situationen. Da der Prozeß für den Betroffenen nicht erkennbar und nicht bezwingbar ist, spricht man von Wiederholungszwang. Er verschwindet durch das → Erinnern in der Analyse.

Wut, narzißtische: Bei Kohut die aggressive Reaktion auf → Kränkungen. Typisch sind das begleitende Ohnmachtsgefühl und die Rachsucht.

Für die Zusammenstellung dieser Begriffserklärungen stützte ich mich, abgesehen von der in der Bibliographie erwähnten Literatur (vor allem Laplanche/Pontalis), auf folgende Werke:

Battegay R., Psychoanalytische Neurosenlehre, 2. Auflage, Berlin 1971.

Lexikon der Psychologie in drei Bänden, hrsg. von Arnold W., Eysenck H.J. und Meili R., Freiburg i. Br. 1972.

Schlegel L., Grundriß der Tiefenpsychologie, Bände 1–4, München 1972–1975.

Bibliographie

Barth K., Der Römerbrief, Zürich 1940
- Kirchliche Dogmatik, Band III/4, Zürich 1951

Barz H., Stichwort Selbstverwirklichung, Stuttgart 1981

Blanck G. u. R., Angewandte Ich-Psychologie, Stuttgart 1978

Blomeyer R., Identität, Identifizierung, Individuation: Z.f. Analytische Psychologie 6, 260–276, 1975
- Spiele der Analytiker. Freud, Jung und die Analyse, Olten 1982

Boss M., Indienfahrt eines Psychiaters, Pfullingen 1959

Brunner E., Der Mensch im Widerspruch, 4. Aufl., Zürich 1965

Bultmann R., Jesus, Tübingen 1951

Eckhart Meister, Deutsche Predigten und Traktate, hrsg. von J. Quint, München 1963

Evans-Wentz E. Y., (Hrsg.), Das Tibetanische Totenbuch, Zürich 1959, Olten 1971, 16. Aufl. 1981

Fetscher R., Das Selbst und das Ich, Psyche 35, 616–641, 1981

Fordham M., Primäres Selbst, primärer Narzißmus und verwandte Theorien, Z.f. Analytische Psychologie 3, 189–206, 1972

Freud S., Traumdeutung (1900) GW 2/3
- Bruchstücke einer Hysterie-Analyse (1905) GW 5, S. 161 ff.
- Formulierungen über die zwei Prinzipien des psychischen Geschehens (1911) GW 8, S. 229 ff.
- Ratschläge für den Arzt bei der psychoanalytischen Behandlung, (1912) GW 8, S. 375 ff.
- Erinnern, Wiederholen, Durcharbeiten (1914a) GW 10, S. 125 ff.
- Zur Einführung des Narzißmus (1914b) GW 10, S. 137 ff.
- Vergänglichkeit (1916) GW 10, S. 357 ff.
- Trauer und Melancholie (1917) GW 10, S. 427 ff.
- Das Ich und das Es (1923) GW 13, S. 235 ff.

Fromm E., Das Menschliche in uns, Konstanz 1968

Hartmann H., Bemerkungen zur psychoanalytischen Theorie des Selbst, in: Hartmann, Ich-Psychologie, Stuttgart 1972, S. 119–144

Heidegger M., Sein und Zeit, 11. Aufl., Tübingen 1967

Henseler H., Narzißtische Krisen, Hamburg 1974

Hesse H., Märchen, Berlin 1955
Jacobi J., Die Psychologie von C. G. Jung, Olten 1971, 8. Aufl. 1978
Jacobson E., Das Selbst und die Welt der Objekte, Frankfurt 1973
Jacoby M., Überlegungen eines analytischen Psychologen zum Narzißmus-Konzept H. Kohuts, Z. f. Analytische Psychologie 12, 180–196, 1981
Jaffé A., Aus C. G. Jungs Welt, Zürich 1979
Jaspers K., Über das Tragische, München 1952
Jung C. G., Einführung zu W. M. Kranefeldt «Die Psychoanalyse», in GW 4 (Freud und die Psychoanalyse), Olten 1971
- GW 6 (Psychologische Typen), Olten 1976, 14. Aufl. 1981
- GW 7 (Zwei Schriften zur analytischen Psychologie), Olten 1974, 3. Aufl. 1981
- Die Lebenswende, in GW 8 (Die Dynamik des Unbewußten), Olten 1971, 3. Aufl. 1979
- Theoretische Überlegungen zum Wesen des Psychischen, in GW 8 (Die Dynamik des Unbewußten), Olten 1971, 3. Aufl. 1979
- GW 9/2 (Aion), Olten 1976, 4. Aufl. 1980
- GW 11 (Zur Psychologie westlicher und östlicher Religion), Olten 1973, 3. Aufl. 1979
- GW 12 (Psychologie und Alchemie), Olten 1972, 3. Aufl. 1980
- Briefe I–III, hrsg. von A. Jaffé, Olten 1972/73, 2. Aufl. 1980
- Erinnerungen, Träume, Gedanken, aufgezeichnet und hrsg. von A. Jaffé, Zürich 1962, Olten 12. Aufl. 1982

Kast V., Wege aus Angst und Symbiose, Olten 1982
Kernberg O., Borderline-Störungen und pathologischer Narzißmus, Frankfurt a. M. 1979
Kleist H. von, Michael Kohlhaas, München 1967
Kohut H., Formen und Umformungen des Narzißmus, Psyche 20, 561–587, 1966
- Narzißmus, Frankfurt 1973
- Überlegungen zum Narzißmus und zur narzißtischen Wut, Psyche 27, 513–554, 1973
- Die Zukunft der Psychoanalyse, Aufsätze zu allgemeinen Themen und zur Psychologie des Selbst, Frankfurt 1975
- Introspektion, Empathie und Psychoanalyse, Frankfurt 1977
- Die Heilung des Selbst, Frankfurt 1979

Kümmel W. G., Das Bild des Menschen im Neuen Testament, Zürich 1948
Laplanche J. und *Pontalis J. B.,* Das Vokabular der Psychoanalyse, 2 Bände, Frankfurt 1972
Lasch G., Das Zeitalter des Narzißmus, München 1980
Maass H., Der Therapeut in uns. Heilung durch aktive Imagination, Olten 1981

Mahler M., Pine F., Bergman A., Die psychische Geburt des Menschen. Symbiose und Individuation, Frankfurt 1978

Meerwein F., Die Psychologie des Krebskranken, Folia psychopractica Roche, Basel 1978

Merton T., Weisheit der Stille, Bern 1975

Meyer J. G., Todesangst und Todesbewußtsein der Gegenwart, Berlin 1979

Miller A., Das Drama des begabten Kindes und die Suche nach dem wahren Selbst, Frankfurt 1979
- Du sollst nicht merken, Frankfurt 1981

Neumann E., Narzißmus, Automorphismus und Urbeziehung, in: Studien zur analytischen Psychologie C. G. Jungs, Zürich 1955

Otto R., Das Heilige, 1916, Neuauflage München 1971

Ovid, Metamorphosen, Stuttgart 1971

Rudin J., Psychotherapie und Religion, 2. Auflage Olten 1964.

Spitz R., Vom Säugling zum Kleinkind. Naturgeschichte der Mutter-Kind-Beziehung im ersten Lebensjahr, Stuttgart 1974

Sugermann S., Narzißmus als Selbstzerstörung, Olten 1978

Thomae H., Auf dem Weg zum Selbst, Psyche 34, 221–245, 1980

Wiederkehr D., Entwurf einer systematischen Christologie, in: Mysterium salutis, Band III/1, Einsiedeln 1970

Winnicott D. W., Reifungsprozesse und fördernde Umwelt, München 1974